团队管理经典系列

激励士气、提高绩效的四个工作法则

鱼市工作法

FISH!
A PROVEN WAY
to BOOST MORALE AND
IMPROVE RESULTS

Stephen C. Lundin

Harry Paul

John Christensen

[美] 斯蒂芬·伦丁 [美] 哈里·保罗 [美] 约翰·克里斯坦森————著

秦玉熙 尚书————译

中信出版集团 | 北京

图书在版编目（CIP）数据

鱼市工作法：激励士气、提高绩效的四个工作法则 /
（美）斯蒂芬·伦丁，（美）哈里·保罗，（美）约翰·克
里斯坦森著；秦玉熙，尚书译 . -- 北京：中信出版社，
2022.5

书名原文：Fish!: A Proven Way to Boost Morale
and Improve Results

ISBN 978-7-5217-4216-9

I. ①鱼…　II. ①斯… ②哈… ③约… ④秦… ⑤尚
…　III. ①工作方法－通俗读物　IV. ① B026-49

中国版本图书馆 CIP 数据核字（2022）第 070332 号

鱼市工作法——激励士气、提高绩效的四个工作法则
著者：　　　［美］斯蒂芬·伦丁　［美］哈里·保罗　［美］约翰·克里斯坦森
译者：　　　秦玉熙　尚书
出版发行：中信出版集团股份有限公司
　　　　　（北京市朝阳区惠新东街甲 4 号富盛大厦 2 座　邮编　100029）
承印者：　　北京尚唐印刷包装有限公司

开本：880mm×1230mm 1/32　　印张：5.5　　字数：85 千字
版次：2022 年 5 月第 1 版　　印次：2022 年 5 月第 1 次印刷
京权图字：01-2012-7647　　书号：ISBN 978-7-5217-4216-9
　　　　　　　　　　　定价：48.00 元

版权所有·侵权必究
如有印刷、装订问题，本公司负责调换。
服务热线：400-600-8099
投稿邮箱：author@citicpub.com

序　言

你此刻手里拿着的是一个有关如何将工作转化为激情的经典故事。自 2000 年首次出版以来，这本书已经被翻译成 34 种语言，销量超过 600 万册，成为有史以来最畅销的商业图书之一。我对这本书的成功丝毫不感到意外，它引人入胜的故事和鼓舞人心的理念在今天比以往任何时候都更具现实意义。

这本书的核心故事讲述的是一位经理如何将她所处的死气沉沉的职场转变成了一个充满活力和乐趣的环境。这个故事的灵感来源于约翰·克里斯坦森制作的一段有关西雅图派克街鱼市的精彩视频。每一天，鱼市上的卖鱼伙计都会以其非凡的专注和逗趣的花招让顾客惊叹不已。他们所提供的世界顶尖的客户服务让派克街鱼市这 1 200 平方英尺 ① 的空间成了全美最成功的零售场所之一。

---

① 　1 平方英尺 ≈ 0.09 平方米。——译者注

成年人有大约 75% 清醒的时间都花在了与工作相关的活动上：准备出门上班、通勤、工作、思考工作，下班后还要给自己减压。既然我们在这部分生活上要花费如此多的时间，我们就理应享受它的乐趣，并由此充满活力。但可悲的是，太多的人对工作依然抱有"谢天谢地终于盼来周五了"这种态度，他们之所以要工作，只是为了满足自己的其他需求。

这是一本永远不会过时的书，它清楚地告诉我们，选择拥抱乐趣，给别人带去欢乐，与同事相处时保持投入的状态，会给你带来幸福、意义和满足感。鱼市理念帮助大大小小的组织发展出一种文化，使得人们无论是在职场还是在家中，都愿意倾尽所能、发挥所长。

这本书不是讲如何卖鱼的，这是一个关于爱的故事。与你的同事分享这个故事，将书中提及的四个策略付诸实践。如果你能调动自己的激情、活力和热忱，尽情享受你正在做的任何事情，最后产生的效果一定会令你惊叹！

肯·布兰佳

（超级畅销书《一分钟经理人》《更高层面的领导》的作者）

本书首次出版于 2000 年。在过去 20 年里，全球各地的组织和个人都在运用本书的理念来解决有关领导力、文化、变革、士气、活力和参与度的问题。20 年前开始写作时，我们就本书的理念所能举出的最好例子就是举世闻名的派克街鱼市，但现在我们已经拥有来自 100 多个国家的成千上万的事例。

并且我们也才刚刚开始。

如果你想了解将鱼市理念付诸实践究竟能达到何种效果，那就不妨看看谷歌（Google）、美国西南航空公司（Southwest Airlines）以及美国鞋类电商网站美捷步（Zappos）等公司。本书对各类组织的文化都起到了惊人的激励作用，惠及公共及私营领域从医疗到教育、从科技到酒店等各行各业、大大小小的业务。

本书的粉丝说过："我不是被逼无奈只能去工作，我是有幸获得了去工作的机会。"通过营造一个让员工得以安心、尽己所能、发挥所长的职场环境，鱼市理念已经帮助组织极大地改善了职场的活力、生产率和创造力，从而带来更多的利润，同时提升了员工的留存率，减少了迟到和旷工现象。根据我们在各大讲座和研讨会后收到的邮件和评价可以看到，鱼市理念不仅激励各类组织取得了新的成功，还激励个人积极改善与伴侣、父母和孩子的关系。成功与我们所做的选择有关：选择我们的态度，以轻松愉悦的心情面对生活，享受与他人相处的时光，给别人带去欢乐。鱼市理念是在提醒人们注意那些他们早就知道却始终没有付诸实践的事情。

这本书的概念始于 20 多年前世界闻名的派克街鱼市，它自那时起便是有趣、成功又活力四射的组织的象征。在派克街，我们发现员工是自发选择要打造"世界闻名"的鱼市，于是创造了全美最赚钱的零售场所之一。他们是怎么做到的呢？这需要一个过程，其中就包括发现和实践本书谈及的一些行为和理念。所有人都能从他们的成功中获得的一个重要启发是，如果一群卖鱼伙计都能在西雅图的户外鱼市打造一个有趣、成功又活力四射的职场，那你又为何做不到呢？

多年来，我们听到了许多关于本书的理念是如何影响个人和组织的故事，从中收获了巨大的成就感。这些故事的种类繁多，令人称奇，比如，鱼市理念是如何对北海石油平台产生了积极的影响，是如何帮助一位教师提升了自己的工作效率，又是如何在挽救一段婚姻中发挥了关键作用。

在这本经典的商业畅销书首次出版 20 周年之际，我们推出了你现在手里拿着的经过修订和增补的版本，补充了一些新的故事，讲述了在它出版后的这些年里，书中的理念是如何为领导者赋能的。另外，我们还为读者添加了一个用来贯彻落实这一理念的全新指南。我们希望这些崭新的故事和工具能够激励人们在未来进行更富成效的合作。

鱼市理念所留下的宝贵财富在这本书以及最初的视频和培训材料中得到了延续，最重要的是，通过你们——我们的读者得到了延续。正因为有了你们，"选择自己的态度"、"玩乐"、"投入"和"让别人快乐"已经成为鼓舞士气和实现业绩的世界通用语言！

谢谢你们！

斯蒂芬·伦丁、哈里·保罗、约翰·克里斯坦森

2020 年 3 月

目　录

西雅图：周一早晨

西雅图的一个周一，潮湿、阴冷，整个城市笼罩着沉闷的气氛。如果天气预报说中午就会云开雾散，那该多好啊。每当遇上这种天气，玛丽·简就会怀念起南加州的阳光。

"真是人生无常啊！"玛丽·简想。她的思绪又飘回到了三年前。那时，她的丈夫丹得到了 Microrule 公司的重要职位，因此他们必须举家从洛杉矶搬到西雅图。当时的玛丽·简满怀信心，相信自己也一定能找到一份好工作。于是在短短四周内，他们辞职、打包、搬家，为他们的孩子布莱德和斯泰西找条件好的托儿所。在洛杉矶住房交易市场，他们正好赶上一个好机会，住了多年的老房子立刻就卖掉了。安顿好一切后，玛丽·简如愿以偿，很快就在第一金融担保公司找到了一份运营主管的工作，这家公司是西雅图较大的金融机构之一。

丹真心热爱他在 Microrule 的工作。即使晚上回家后，他也总是精力充沛地忙这忙那，满脑子想的都是公司里发生的事情和正在改进的工作。丹和玛丽·简经常早早地催促孩子上床睡觉，然后两人聊到夜深。丹不仅为他的新公司感到兴奋，也对玛丽·简每天的工作充满了好奇，想了解她的新同事和她在新工作中面临的挑战。任何人看到他俩在一起的样子，都会认为他们是最好的一对。他们两人互相鼓励，相依相携。

夫妇二人把生活的方方面面安排得井井有条，但意外还是发生了。搬到西雅图后的第 12 个月，丹因基因异常导致动脉瘤破裂住进了医院，一直昏迷不醒，最终死于内出血。一切发生得那么突然，事前没有任何征兆，他们甚至没来得及说一声"再见"。

"那已经是两年前的事了，当时我们在西雅图甚至还没有住满一年。"

往事在玛丽·简心头汹涌翻腾，令她满怀悲痛。她克制着自己，努力把自己拉回现实："现在不是感时伤怀的时候，今天的工作时间已经快过去一半了，而我还有一大堆工作要做。"

第一金融担保公司

在第一金融担保公司工作的三年里，玛丽·简赢得了"难不倒"的美誉。她既不是第一个上班，也不是最后一个下班的人。她有自己的一套工作准则——今日事今日毕。

玛丽·简也是一位值得部下为之卖命的上司，她总能认真倾听同事的想法，了解部下所关心的事情；反过来，她也得到了下属的喜爱和尊敬。遇到同事的孩子生病或有重要约会，她都能主动分担他们的工作，这对于她也已经是再平常不过了。作为一名职业经理人，她要领导她的部门出色地完成每一项任务。她采用一种轻松的方法，几乎不会让人产生任何紧张感。她的下属和副手都非常乐意与她一道工作。玛丽·简的小组赢得了好评，成为全公司公认的可以委以重任的团队。

与此相反，三楼有一个运营部门，人数众多，绩效却不理想。他们与玛丽·简的团队形成了鲜明的对比，因而成为大家批评的焦点。形容这个团队的词语有"反应迟钝""争权夺利""行尸走肉""令人厌恶""不紧不慢""毫无成效"，这是一个人人都不喜欢的团队。不幸的是，公司绝大部分事务都必须要与三楼打交道，尽管所有人都害怕与三楼有任何联系。

主管之间总在传一些三楼闯祸的小道消息，凡是到过三楼的人都把它描绘成一个死气沉沉、足以令人窒息的地方。玛丽·简还记得一位经理开玩笑说他应该得诺贝尔奖，当她问他是什么意思时，他说："我想我可能发现了三楼还有生命存在的迹象。"于是，大家哄堂大笑。

几周后，玛丽·简慎重而又有些不情愿地接受了晋升：担任第一金融担保公司三楼的部门经理。虽然公司对她接手三楼寄予厚望，但她可以说是硬着头皮接受了这份工作。在丹去世前后，她一直在目前的工作岗位上，工作得心应手，而且做得有滋有味。她所在的团队陪伴她度过了丹去世后的艰难日子，她感到有一种特殊的情感把他们连在了一起。此时，要离开这些同甘共苦的伙伴，还真让人舍不得。

　　玛丽·简深知三楼名声不佳。说老实话，要不是为了偿付丹当年住院时欠下的高昂费用，她很可能会拒绝提拔和加薪。但现在迫于无奈，她只好调任至声名狼藉的三楼，成为过去两年中第三个接手这份工作的人。

三　楼

"谢天谢地，总算盼到周五了。"玛丽·简一边查看邮箱一边想着。转眼上任已经五周，但她对新工作的理解依然很吃力，对三楼的同事也不算完全熟悉。上任后的前五周，玛丽·简的工作主要是努力熟悉工作和周围的人。令她略感吃惊的是，她发现自己开始有点儿喜欢在三楼工作的人了，不过，三楼的坏名声也的确事出有因。她观察到鲍勃——一位在岗五年的老员工，总是在电话铃响了七次后故意拔掉电话线；她无意中听到玛莎描绘自己是怎样对付那些催她赶紧干活儿的"侵犯者"——她会"不小心"将他们的邮件"误删"；玛丽·简每次走进办公区，都有人趴在桌子上打瞌睡。

大多数早晨，上班 10~15 分钟后，电话都没有人接，因为员工们总是姗姗来迟。被问起来的时候，他们的借口倒是很多，但都很牵强。他们处理所有的事情都是慢动作。用"死气沉沉"描绘三楼一点儿都不过分。玛丽·简感到千头万绪，不知从何下手，但她清楚地意识到，必须尽快采取行动。

深夜，孩子们熟睡之后，玛丽·简会用记日记的形式寻找摆脱困境的方法。

今天，天气寒冷、沉闷，但办公室的气氛比窗外更加沉闷，没有一点儿活力，有时很难让人相信三楼还有活着的人。事实上，工作中发生的任何事情都无法使他们兴奋起来。

我手下有30名员工，其中多数人做事缓慢，工作不饱和，工资很低。他们中有些人好几年都是每天按同样的方法重复着节奏缓慢的工作，工作态度极其消极。他们看起来都是好人，但无论从前多么能干，如今都已"好汉难提当年勇"了。沉闷的气息太浓重，能使新来的人和他们一样迅速失去活力。当我在小工作间走动时，就觉得空气中所有的氧气好像都被抽走了，几乎令人窒息。

上周，我发现有四名员工还不会使用两年前就安装好的新软件，他们说喜欢按老方法工作。我担心有很多这样令人不可思议的事情还没有暴露出来。

我想，很多内勤部门的工作大概都是这样的。这里没有多少值得兴奋的事情，只有大量烦琐的业务需要处理。但事情不一定非得这样，我必须找到一个转变这种工作状态的诀窍。我相信，我们的工作能够帮助公司各个部门向客户提供更好的服务。

尽管我们部门的工作是整个公司工作环节中很关键的一环，但我们的工作是在幕后进行，好像理所当然是这样。如果三楼没有发展到如此糟糕的地步，公司领导恐怕永远不会注意到它。老实说，三楼真的是太糟糕了！

大家在这个部门工作，都不是出于对这份工作的热爱。我不是这一层唯一一个有经济困难的人：许多女员工和一位男员工也都是单亲家庭；杰克的父亲身体不好，刚刚搬来与他同住；邦妮和她的丈夫有两个孙子与他们常住。我们在这里工作的三大共同理由是：薪水、稳定和福利。

玛丽·简思考着她在日记里写的最后一句话。内勤工作通常一干就是一辈子，报酬满足需求，工作也有保障。周一早上到办公室时，看着她办公室外面一排排的办公桌，她列出了下面几个问题：我的员工是否了解他们所珍视的稳定可能只是一种假象？他们是否认识到市场竞争正在冲击这个行业？他们是否明白，为了公司能在快速兼并的金融服务市场竞争中生存，我们都需要改变？他们是否意识到，如果我们不改变，公司一旦在竞争中失败，我们就得另谋生路？

她知道答案：不知道！不知道！不知道！不知道！员工们在各行其是、墨守成规，他们在幕后的时间太久了，只求应付差事，并希望在变革到来之前退休。那么她自己呢？她的想法有什么不同吗？

电话铃声把她从沉思中唤醒，随之而来的是持续数小时的"救火"。她先是得知客户的一份重要文件不见了，有人说最后一次看见是在三楼，然后另一个部门的一名员工实在无法忍受三楼无人接听电话而亲自跑到三楼，因此出现了非常不愉快的场面。还好，这些她还能应付。接下来，律师的电话被连续挂断三次，令其大为光火，紧跟着又猛然发现今天三楼请病假的人当中，一名员工手头有一个重要的项目到期了。上午最后一件急事处理完之后，玛丽·简筋疲力尽地拎着午餐离开了办公室。

"有害精神垃圾场"

自从开始在三楼工作，玛丽·简就养成了每天都到办公楼外面去吃午餐的习惯。她非常清楚，在公司自助餐厅里吃午餐的人经常会议论公司里一些不合理的事情、抱怨三楼等等。他们的牢骚甚至涉及别人的隐私，太沉闷了，她实在听不下去，需要出去呼吸一下新鲜空气。

多数时间，她会顺着山坡漫步，走到海边吃午餐。一边啃着面包，一边凝视水面，要不就看游客们聚集在小商店的周围。这是一个多么宁静、悠闲的地方啊！皮吉特湾让她感受到了大自然的美好。

然而，她今天吃完午餐回来后，离办公室还有十米远，就清晰地听到了自己的电话铃响，她的电话铃声很特别。她想，一定是托儿所打来的，斯泰西今天早晨还一直在流鼻涕。想到这儿，她飞快地跑进办公室，电话铃声刚响了四声，她便抓起了电话听筒。"我是玛丽·简。"她气喘吁吁地说。

"玛丽·简，我是比尔。"

一听是新老板的声音，玛丽·简心想：哦，天哪，又怎么了！比尔是她再三考虑是否答应在三楼工作的另一个原因——比尔被大家称为"浑球儿"，就她所知，他的确名副其实。他可以武断地下一堆命令、打断你的话，他还有一个让人讨厌的坏习惯——像家长一样询问有关项目的进展情况。"玛丽·简，你对斯坦顿项目的进度了解吗？"就好像她一无所知似的。玛丽·简是三楼两年之内的第三位经理，她渐渐开始明白问题不全出在三楼的员工身上，比尔也有问题。

"我开了一上午的高层会议，会议刚刚结束，今天下午我想和你谈谈。"

"当然可以，比尔，有什么问题吗？"

"领导层认为公司正处于十分关键的时期，为了生存，我们每个人都需要全力以赴，每位员工都应该提高生产力，否则公司就要进行整顿了。我们谈到很多部门消极懈怠的现象严重，士气低落，这已经在拖公司的后腿。"

一种恐惧感突然向玛丽·简袭来。"大老板亲自参加了关于解决工作精神状态难题的会议，他大发雷霆。虽然我认为仅仅指责三楼是不公平的，但是老板好像还是认为三楼存在的问题最大。"比尔继续说。

"他单单说了三楼吗？"

"他不仅挑出了三楼，而且给三楼取了一个特别的名字——'有害精神垃圾场'。我不希望我的任何一个部门被叫作'有害精神垃圾场'！难以忍受！这简直是耻辱！"

"'有害精神垃圾场'？"

"是的，老板对我严加盘问。我告诉他，我深有同感，并已经找你来替他解决问题。他说他只想知道进展如何。那么，你已经解决了吗？"

我怎么可能已经解决了呢？我接手这项工作才刚刚五周！玛丽·简心想，然后回答说："还没有。"

"好啦，玛丽·简，你必须加快速度，如果你做不到，请告诉我，我可以采取其他措施。老板坚信我们都需要在工作上投入更多的精力、热情和活力。我不懂三楼为什么需要热情和活力，三楼做的事情又不是研究火箭。就我个人而言，我对从事事务性工作的员工从不抱过多的期望。无论如何，我将在这周或下周安排一次会议。"

"好的。"

比尔一定已经从她的声音中听到了挫败感："玛丽·简，你现在用不着心烦，你才刚刚开始这项工作呀。"

玛丽·简边挂电话边想：真是一个性情古怪的人，真让人受不了，噢，上帝啊！我该怎么办？不，不要烦躁！他是我的老板，问题也确实存在。

死气沉沉的三楼被老板称为"有害精神垃
圾场"，玛丽·简不知从何下手。

改变常规

挂断电话，玛丽·简再次走进电梯时，情绪有些激动，在跟比尔打完那通电话后，她倍感压力，亟需呼吸一点儿新鲜空气，于是决定出去走走，她没有像往常那样走下山坡，走到海边，而是心血来潮地在第一街的街口就右拐了。"有害精神垃圾场"这个词一直萦绕在她的脑海里。

"有害精神垃圾场！下一个绰号又是什么呢？"当她沿着第一街漫步时，一个声音在她的头脑中低语，"'有害精神'就是你对三楼最痛恨的地方，的确需要做一些改变了！！"

玛丽·简信步沿着第一街走下去，不知不觉来到城里一个陌生的地方。朗朗的大笑声引起了她的注意，她惊讶地发现在她的左侧有一个市场，路牌上写着"派克街"。她以前听说过这个市场，但由于经济拮据，又有两个年幼的孩子，这通常不属于她会去的那种地方。她需要勤俭持家，直到付清欠下的全部医药费。她以前开车曾路过这里，但从没有进去过。

玛丽·简走进了派克街，看见一大群穿着讲究的人正聚集在鱼市的一个摊位周围，每个人都在开怀大笑。起初，她尽量不受这笑声感染，紧锁着眉头，脑海中依旧思考着她严峻的困境。刚要转身离开，脑海里一个声音对她说：可以用笑声来化解忧愁呀！于是她往前靠近了一些，听到一个卖鱼伙计喊道："下午好，酸奶哥们儿！"然后，围观的人们一边大声回应着，一边一齐向空中举起酸奶杯。玛丽·简想：我的天，今天我碰到什么了？

闻名全球的派克街鱼市

刚飞过去的难道是一条鱼？她怀疑自己是不是眼花了，但随后又有一条鱼飞过去。市场里的伙计穿着白色围裙、黑色橡胶靴，非常容易辨认。其中一个伙计抓起一条大鱼，扔向 20 英尺①远的柜台，并高声喊道："一条飞往明尼苏达州的鲑鱼。"其余的工人齐声应和道："一条飞往明尼苏达州的鲑鱼。"站在柜台后的那个伙计单手接住，简直不可思议！人群中又响起一片赞叹声，然后他像一个取得胜利的斗牛士那样向喝彩的人群鞠躬致谢。这里的人真是活力四射！

玛丽·简的右边，另一个伙计正在和一个随家长来买鱼的

---

① 　1 英尺 ≈ 0.304 8 米。——编者注

小孩逗趣，他把一条大鱼的嘴巴打开，一张一合地像是在与人说话。另一个稍微年长一些、浅灰色头发的伙计则边走边喊道："回答问题，回答问题，专门回答鱼的问题！"一个年轻的伙计则在收银台边上用螃蟹变戏法。看着卖鱼伙计对着他们挑选的鱼讲话，两位戴着美国退休人员协会证件的顾客乐不可支。这个地方太热闹了！玛丽·简感受着，心情放松了许多。

她看着那些举着酸奶杯的人，心想，这些办公室的职员中午也过来买鱼吗？还是只是来看热闹的？

玛丽·简并没有注意到有个卖鱼伙计在人群中注视着她，也许是她身上的好奇心和认真劲儿让他走了过来。

"怎么？你没有带酸奶来吗？"听见问话声，她环顾四周，看见一个有着黑黑的长卷发的英俊小伙子正专注地、面带笑容地看着她。

她结结巴巴地说："没，没有，我只是工作间隙休息一下，刚巧路过这儿。"

"你以前来过这里吗？"

"从没来过，我以前经常到海边去吃午餐。"

"我能理解，海边非常清静。我们这里可不那么安静，这一点毫无疑问。那么今天你怎么到这里来了？"

离她右边稍远一点儿的一个卖鱼伙计一脸困惑的样子，高声叫卖："谁想买这条鱼？"另一个伙计正在跟一位年轻的女士开玩笑。螃蟹飞过玛丽·简的头顶，有人高声叫道："六只螃蟹飞往蒙大拿州。"其他人高声重复："六只螃蟹飞往蒙大拿州。"一个头上戴着羊毛帽的卖鱼伙计在收银台后面还跳起了舞。玛丽·简完全被这种表面喧闹混乱、实则井井有条的场面吸引，她仿佛走进了国际性的大型博览会会场，甚至有过之而无不及。但是，站在她身边的那个卖鱼伙计好像根本就没看到这一切，而是愉快地、耐心地等着玛丽·简的回答。玛丽·简心想：我的天，他看起来真的对我的回答感兴趣，但是我才不会对一个完全陌生的人讲述我工作上的烦恼呢。然而，在随后的谈话中，她不由自主地对那人讲了她工作上的烦恼。

他叫朗尼，他非常认真地倾听了玛丽·简对三楼的描述。一条飞鱼刚好撞到绳索，重重地掉在他们身边，他竟然没有躲闪。当玛丽·简讲述员工们存在的许多问题时，朗尼仔细地听着。玛丽·简讲完故事后，看着朗尼问："你对我们的'有害精神垃圾场'有什么想法？"

"这真是个棘手的问题。我自己也曾经在一个很沉闷的地方工作。其实这个鱼市曾经也很糟糕，但你注意到市场现在有什么不同吗？"

　　玛丽·简毫不犹豫地说："热闹、有干劲、有活力。"

　　"你喜欢这种活力吗？"

　　"喜欢，"玛丽·简回答道，"我真的很喜欢。"

　　"我也很喜欢，而且在这儿待过之后，我想我已经不能适应在传统的市场上班了。我还记得这个市场最初并不是这样的，它也曾经是一个多年的'精神垃圾场'。后来，我们决定采取改革措施，于是就变成了今天这个样子。像这样的活力会对你的部门有什么帮助吗？"

　　玛丽·简微笑着说："当然，这正是我们需要的，因为我正站在'垃圾场'上。"

　　朗尼说："我很乐意向你介绍一些改变这个鱼市的方法，你也许可以从中得到一些启发。"

　　"不过，我们可没有可以丢来丢去的东西！我们的工作很乏味，我们大多数人……"

　　"别急，这跟扔鱼没有太大关系。当然，你从事的行业与我们的不同，而且听起来你正面临严峻的挑战。但我很乐意帮助你，试试从鱼市的成功经验中发现你自己的解决之道，汲取这些经验，然后回去创建一个充满活力的部门，怎么样？"

热闹、有干劲、有活力的鱼市。

"是的，当然好。但是你为什么要为我做这些呢？"

"作为这个小小的鱼市中的一分子，我亲身经历了这里的变化，正如你刚刚看到的，这些对我的生活产生了很大的影响。我不想向你唠叨我的个人琐事，但我想告诉你，刚接受这份工作时，我的生活真的是一团糟。这里的工作渐渐地挽救了我的生活。听起来可能显得我很傻，但我认为我有义务让别人知道我有多么感激，这里的工作让我如此地享受生活。你信任我，跟我讲了你的问题，我坚信你能在这里找到答案。我们已经创造了很多的活力。"当他提到"活力"时，螃蟹又一次飞过，有人带着威斯康星州的鼻音高声叫道："五只螃蟹飞往威斯康星州。"众人齐声应和道："五只螃蟹飞往威斯康星州。"

"说得好！"玛丽·简大声笑着回答道，"如果说这个鱼市有什么特殊的话，那就是活力！就这么说定了。"玛丽·简看了一下手表，得赶紧回去了，不然就会迟到。她很清楚她的员工一直在给她"打考勤"。

朗尼见她看表，便说道："嗨，你为什么不在明天吃午饭时再来一趟，别忘了再带两杯酸奶！"

说完，他转过身，立刻开始帮助一个身穿夹克的小伙子区分河鲑鱼和帝王鲑。

旧地重游

周二午饭时间，玛丽·简沿着第一街快步走到鱼市。朗尼肯定一直在等她，因为他立即从人群中走了出来，带她经过一家运动衫专卖店，径直向山坡下走去。

"走廊后面有几张桌子。"朗尼说。然后他将玛丽·简引至一间能够看见皮吉特湾海港景色的小玻璃房。玛丽·简一边喝着酸奶，一边询问鱼市的工作方式；朗尼也一边享用着玛丽·简带给他的面包圈和酸奶，一边解答她的问题。朗尼为玛丽·简讲述了鱼市一天的例行工作之后，她觉得他们的工作听起来就不再像昨天看到的那样吸引人了。但也正因如此，在派克街鱼市里工作的伙计们的态度更加让人感动。

听完朗尼描述他们每天要做的琐碎杂事之后，玛丽·简说：

"看来我们工作的相似之处比我想象的要多。"

朗尼抬起头问:"真的吗?"

"是的,我们部门员工的绝大部分工作很平淡乏味,而且需要不断重复。虽然我们的工作也很重要,但我们从来见不到客户,可是只要我们稍有差错,客户就会很不满意,我们也因此受到很多批评。然而如果我们的工作做好了,却不会有任何人注意到。总的来说,我们的工作是很乏味的。你们做着乏味的工作,还能发现工作的乐趣,这真是一件神奇的事情。"

"你有没有想过,任何人都有可能不得不做一些令人厌烦的工作。你看那些喝着酸奶、衣着光鲜的生意人去世界各地做生意,我听到这些也感到很兴奋,但他们告诉我,他们的工作其实也很乏味。我想,即使给你一个很好的工作环境,但是如果总是一成不变的话,任何工作都会变得枯燥乏味。"

"我同意你的观点。十几岁时,我有机会得到一份十来岁的女孩都梦寐以求的工作——当模特。但刚到第一个月月底,这份工作就令我厌烦得要流眼泪了。工作的全部内容几乎就是从头至尾站着、等待上台。又比如做新闻播音员,我发现,播音员除了念别人写的文章,就什么事也不做了。这可真是一件乏味的事情,至少对我来说是这样的。"

"没错，假如我们赞同任何工作都会变得令人厌烦的话，那么我们是不是也会同意任何事情都可以带着活力与热情去做呢？"

"我不太明白，可不可以举个例子？"

"那太容易了。你围着鱼市走一圈，看看其他卖鱼的店铺。这些人也许还不明白，他们就是你所讲的'有害精神垃圾场'。他们的工作方式对我们的生意倒是很有利。我告诉过你，派克街鱼市以前也跟他们一样。后来，我们发现了一个令人吃惊的事实：你永远可以选择采用什么方式工作，即使你无法选择工作本身。这就是我们从世界上最著名的派克街鱼市中得到的最宝贵的经验。我们可以选择自己对待工作的态度。"

选择自己的态度

玛丽·简掏出笔记本，写道：

即便无法选择工作，工作方式总是可以选择的。

随后，她反复揣摩这句话并问道："为什么对工作本身就无法选择呢？"

"问得好。你是可以辞职的，从这个意义上讲，你可以选择你要从事的工作。但是如果你有责任心，并且考虑到其他一些因素，也许频繁地更换工作并不是明智的选择。这就是我所说的工作本身无法选择的意思。而从另一个方面来讲，你却总是有机会选择自己的工作态度。"

朗尼继续说道："我来给你讲一个我外祖母的故事吧。我外祖母总是带着爱心和微笑去做家务。孙辈们都愿意帮厨，因为同外祖母一起洗碗特别有趣。在洗碗的时候，她会讲很多有趣的故事给我们听。有这样一位乐观的长辈，我们这些孩子真是很有福气。

"直到现在我才知道，其实我外祖母根本就不喜欢洗碗，但她总是带着爱心去洗碗，她的态度一直影响着我们。

"同样的道理，我和我的伙伴们都很清楚，我们每天来到鱼市，同时也带来了自己对待工作的态度。我们可以闷闷不乐，无精打采地度过一天；我们也可以带着不满的情绪，毫无耐心地激怒同事和顾客。但是如果我们以阳光、幽默、愉快的心情上班，我们就会拥有美好的一天。我们可以选择怎样度过一天的时光。我们花了大量的时间来谈论这种选择，最终达成共识：只要我们工作一天，最好还是让这一天过得快乐。你觉得有道理吗？"

"很有道理。"

"事实上，我们为自己的选择兴奋不已，我们也决定要让派克街鱼市扬名世界。在'著名的地方'度过一天总比在平凡的地方度过一天快乐。你明白我的意思吗？在寒冷、潮湿、腥臭、污浊的鱼市工作并不舒服，但我们可以选择对待工作的态度。"

"是的，我想我明白了。你可以选择每天工作的态度，任何一种选择都会决定你的工作方式。只要你在这里工作，你为什么不选择闻名世界而选择甘于平庸呢？这个问题似乎非常简单。"

"理解起来的确很容易，但做起来很难。我们不是在一夜之间就建成了这个地方，我们花了将近一年的时间。我自己以前是个挺难相处的人，可以算得上是愤世嫉俗吧。我说过，我自己的生活也一团糟，几乎失控了。我对人生真的没有过多的想法，以为自己已经知道生活该是什么样子。生活很艰苦，我也变成了一个很难相处的人。当大伙儿决定创建一个与众不同的鱼市时，我根本不相信'可以选择怎样度过每一天'这样的观念。有一个同伴年纪稍大一些，他也经历过艰难的阶段，他找我单独谈话，还苦口婆心地开导其他人。我们认真地自我反省后，决定试一试。现在，我对这个道理坚信不疑——每个人都能选择自己的态度。我懂得这个道理，因为我选择了我自己的态度并体会到了它带来的好处。"

玛丽·简被这番话深深感染了，说话的人也给她留下了深刻的印象。她抬起头，发现朗尼正不解地看着她。她意识到自己正在发愣，赶忙收回思绪，微笑着说："对不起，我只是在想什么时候也能像你们一样快乐地工作。对了，你们这么成功，一定还有其他什么秘诀吧？"

"我认为我们的成功源于四个理念，'选择自己的态度'是最核心的。没有选择好自己的态度，其他的都只能是浪费时间。所以，我们今天就此打住，以后再谈另外三个理念。你先把第一个因素带回三楼，看看你能做些什么。如果你还想讨论其他理念的话，请给我打电话，你有我们的电话号码吗？"

"店里到处都写着呢。"

"哦，是的，我们一点儿都不内向，对吧？再见，谢谢你的酸奶！"

朗尼告诉玛丽·简派克街鱼市成功的
第一个理念——选择自己的态度。

变革的勇气

由于工作繁忙，玛丽·简在接下来的两天里分身乏术。其实，那是她的借口，她与朗尼的对话和"选择自己的态度"这一理念经常萦绕在她的心头。她知道，即使赞同鱼市的哲学，实施起来也会受阻。她想：拿不定主意的时候就要多请教。

周五，她决定问问比尔那次关于工作场所的精神状态问题的会议情况。向比尔学习更多的经验也许是明智的。

"比尔，我怎么才能了解到大领导们讨论工作士气问题的情况呢？"

"你了解那些干什么？这是新时代的把戏。他们大部分时间泡在浴缸里，你又何必浪费时间呢？"

玛丽·简很生气，她深深吸了一口气，说："比尔，你看，当我接受这份工作时，我们都很清楚有许多事情需要做。现在看来，难度比当初想象的还要大，时间又紧迫。在这件事上，你也和我一样陷得很深。好吧！你现在是要帮我，还是想给我难堪？"

玛丽·简想：我简直不相信我会说出这样的话，不过说出来了感觉真好！

没想到，采用这种针锋相对的方法，比尔的态度反倒改变了，电话那头马上传来了比尔求和的声音："好啦，好啦，别太激动。我桌子上有一张会议的光盘，我本来要听的，正好没时间，你听过之后能不能跟我汇报一下？"

"当然可以，比尔，我马上就去取。"

难忘的旅程

那天晚上，往返于西雅图和贝尔维尤的通勤车辆把整条街道塞得满满的，不耐烦的汽车喇叭声不绝于耳。但玛丽·简根本没有注意到，她思索着自己目前的处境：我从什么时候开始丧失了自信？她扪心自问：与比尔这样开门见山的谈话是我很久以来，准确来说就是两年来，做过的第一件有勇气的事情。她努力地回忆着，将往事一件件拼凑起来，她意识到这种随波逐流的状态已经有整整两年的时间了。脑子里的事情多得没有头绪，她干脆播放起了比尔给的光盘。

从汽车立体声喇叭里传出了低沉的声音。光盘的开头是诗人戴维·怀特的诗，他号召人们将他的诗带到工作的地方，相信诗的语言能帮助人们处理工作中出现的问题。戴维·怀特讲了一段话，然后朗诵了一段诗。他的诗和故事涌入玛丽·简的脑海，诗句在她的眼前跳跃，震撼着她，扑面而来。

　　　组织的需要与员工的需要是相同的，创意、激情、灵活、全心全意……

说得对！玛丽·简心里想。

夏天，我们在公司停车场打开车窗，不是为了防止高温损坏车内座椅，而是因为只有 60% 的员工会去公司，其他人一整天都待在车里，得确保不被闷死。全身心投入工作是怎样的感觉？

这人是谁？接着她听到戴维·怀特开始朗诵他的诗——《信心》，玛丽·简听得心潮澎湃。戴维·怀特向听众介绍这首诗时，说这首诗正是他自己最缺乏信心时写的。

信　心

戴维·怀特

　　　我想写信心，

写月亮升起的变换，

在那寒冷的冰雪之上，一晚又一晚，

纵然明月由盈转亏，

慢慢地变成最后一弯，

在黑暗来临时失去它银色的光线。

但我已失去信心，

把所有的入口都关得很严。

让它去吧，让我的小诗，

像一弯新月，细长而纤巧，

成为叩开信心之门的第一声祈祷。

　　这就是那句"学生准备好了，老师自然会出现"的含义。这首诗值得人们仔细琢磨一番，玛丽·简也终于明白是什么在拖她的后腿。丹的突然去世和作为单身母亲必然承受的压力，使她失去了在这个世界上活得更好的信心。她害怕冒风险，害怕一旦失败，她将没有能力养活自己和孩子们。

在工作中引领变革是有风险的，她可能失败，也可能失去工作，这种可能性是明显存在的。然而，她又考虑到不变革的风险。如果不变革，我们大家都会失去工作。更重要的是，玛丽·简想："我不想在没有活力、没有生气的地方工作，我知道长此以往这样的工作环境对我意味着什么，这样的前景并不美妙。如果我工作起来死气沉沉，我会成为什么样的母亲？我树立了一个什么样的榜样？假如周一我开始着手变革，那么第一步一定是选择我自己的态度。我选择找回信心。无论发生什么事情，我都不会趴下。"

"我是一个顽强的人，我已经证明了这一点。无论发生什么事情，我都不会动摇。现在是该清理'有害精神垃圾场'的时候了。这不仅仅是因为对公司有好处——虽然我相信将来对公司业务确实会有很大的好处，也不仅仅是因为我面临挑战，肩负解决问题的重任——虽然那也是一个重要的原因，但它是一个客观问题。真正的原因在我内心深处：我需要重新树立自己的信心，而解决这个问题有助于我树立信心。"

她记起光盘里有这么几句："我不相信公司是监狱，但我们选择工作态度的时候，有时把公司变成了监狱。我们自己打造了一座监狱，围墙就是因我们自己缺乏信心而筑造的。"

假如我着手开始变革，第一步一定是
选择我自己的态度，我选择找回信心。

　　监狱这个比喻听起来很耳熟——她确信以前参加一个研讨会时听到过。到了斯泰西的托儿所，一停好车，玛丽·简就掏出笔记本写道：

　　　生命太珍贵了，不应该浪费一分一秒。更何况我每天一半清醒的时间都在工作上，我不想在"有害精神垃圾场"上浪费，我不想过那样的生活。我相信，我的同事一旦清楚他们应该选择什么，他们也会有同样的感受。

　　　我们部门的风气是长期形成的。为了改变这种风气，我个人将要承担失败的风险。这也许是一件好事。最近的几件事情动摇了我的信心，冒必要的风险能帮助我重新建立自信。事实上，不变革的风险远远大于变革的风险。

　　　我的资料里有一段话，可能刚好能帮助我。我要找到那段话，因为我需要找到所有能够帮助我的东西。

　　写到这里，玛丽·简下了车，走进托儿所去接女儿斯泰西。"妈妈，妈妈，你的眼睛湿了，你刚才哭了吗？妈妈，发生什么事了？"

　　"是的，宝贝，我刚哭过，不过那是因为高兴。你今天怎么样？"

"我画了一幅我们家的全家福，你想看吗？"

"当然想看了。"她低头看去，看见女儿画了四个人。女儿正抬头望着她，她脱口而出："哦，好棒！"这是另一种对信心的测试。

"宝贝，快把你的东西收拾好，我们还要去接布莱德。"

周日下午

　　周日下午是玛丽·简的个人时间，她一般会请一个小时工照看孩子们至少两个小时，这是她给自己的一点儿犒劳。她用这段时间来振作精神，准备迎接来自工作和家庭的挑战。在这段时间里，她会阅读一些励志读物或一本好的小说，有时也出去骑骑自行车，或喝杯咖啡放松放松。西雅图到处都是咖啡店，三个街区外就有一家很棒的店。她带了几本书就出门了。咖啡店里，一个隐秘角落的座位正静静地等着她。

　　"请给我来杯脱脂拿铁。"她取了咖啡，然后坐下开始阅读一本已经翻得卷了边的励志图书——萨拉·班·布瑞斯纳的《简单富足》。这本书一日一篇，包含了一年中每天要阅读的内容。翻到 2 月 8 日，重要的话语跃然纸上：

如果我们把自己想象成艺术家，我们中的大部分人会感到不自在……事实上，我们每个人都是艺术家……你每做一次选择，就是在创造一件艺术品。有些事情只有你才会做……你生存的前提是你已在这个世界上留下了属于自己的不可磨灭的标志。这就是你的真我……尊重你创造的强烈愿望……增强你的信心……你将会发现，你的选择就和你自己一样真实可信。更进一步讲，你将会发现你的人生其实早已注定：那就是一首快乐、感恩的诗。

玛丽·简原本计划想想工作上的事，有关选择和信心的话语促使她的思绪回到了鱼市。她想：那些伙计都是艺术家，而且他们选择创造每一天。忽然间，她头脑中出现了一个惊人的想法：我也会成为一名艺术家！

随后，她取出参加一次领导力研讨会时收到的资料。就是在这次研讨会上，她第一次听到用"监狱"这个词来比喻工作。夹子里有一份褪了色的约翰·加德纳报告的复印件。她回忆起加德纳鼓励大家复印他的报告，他真是很无私。玛丽·简想：这么长时间了，我还记得他，他一定说过一些有力的话语。她一页一页地在他的报告里搜寻。

约翰·加德纳的报告

文章开头是这样的：

> 很多人都感到困惑，为什么一天结束后，有些人会变得懒散颓废，有些人却还是精力充沛。懒散颓废这个描述可能太抽象，也许我应该说是他们在某一方面很早就停止了学习和成长。

玛丽·简抬起头，心想：这倒是我们部门的真实写照，也是过去的我的真实写照。她以"过去的我"来形容自己时，不禁一笑。她继续读下去：

　　我们在查找原因时一定要带着"同情心"：也许是他们在生活中遇到了难以逾越的障碍，也许有些事情对他们的信心或自尊心造成了伤害……或许他们艰难地奔忙了太长时间，以至于忘了为什么而奔忙。

　　我说的是那些无论看起来有多忙其实已停止学习和成长的人。我不是在嘲笑他们。生活并不容易，有时仅仅继续活下去已是很不易了……

　　我们不得不面对这样的事实，大部分上班的男男女女，他们不清楚自己已变得多么懒怠，他们也不愿承认自己的生活是多么百无聊赖……

　　一位著名的法国作家说："有些人的时钟在人生的某一时刻便停止了。"我观察过很多人，他们只是浑浑噩噩地度过一生。正如棒球名将尤吉·贝拉所说："你们可以靠旁观看出许多门道。"我相信绝大多数人在他们生命的任何时候都愿意学习和成长。如果我们认识到失去活力的危险，那么我们就应该采取补救措施。如果你的生命时钟没有上紧发条，那么就再把发条上紧吧。

　　我了解你的一些特质，有些甚至是你自己都不了解的。你内心活力充沛却未被发掘出来，你拥有的才智远远没有得到发挥，你的能力远比表现出来的大得多，你可以付出的远比你已经付出的多得多。

玛丽·简心想：难怪我会记起约翰·加德纳。我有许多的时钟要上紧发条，但我首先需要上紧我自己的发条。

在接下来的时间里，玛丽·简写下一段日记，她很高兴地发现自己已变得相当平静。准备回家时，玛丽·简仔细检查了自己写的内容，并将周一的行动指南部分圈了起来。

要解决"有害精神垃圾场"问题，我就得一心一意做一个领导该做的事。我还要冒可能失败的风险。不能保证万无一失，但是如果不采取行动，那是肯定要失败的！

要有一个良好的开端，第一个步骤是要选择我自己的态度。我选择信心、信任和信念。我要把我的生命时钟上紧发条，一边运用我从鱼市学来的办法解决"有害精神垃圾场"的问题，一边享受在工作中学习和成长的乐趣。

周一早晨

清晨 5 点 30 分，当玛丽·简坐在女儿的托儿所外面等待开门时，她感到一阵负疚的心痛。平时布莱德也是待在托儿所直到校车来接，像今天这么早却是很少有的。看着两个睡眼惺忪的孩子，玛丽·简说："我不会总是这么早叫你们起床的，但是今天，我需要早点儿去办公室准备一个十分重要的项目。"

布莱德揉揉眼睛回答道："妈妈，没关系的。"斯泰西也懂事地说："是啊，第一个到这里真好，我可以先挑电子游戏。"

门打开，玛丽·简给他们签了到，并一一拥抱他们。当她回头时，他们已经玩起来了。

一路通畅，5 点 55 分她已坐在办公桌前，面前摆着一杯热腾腾的咖啡和一个记录本。玛丽·简取出一支笔，在记录本上用大大的字写道：

选择自己的态度

步骤：

◎ 召开会议，讲出自己的心里话。

◎ 讲一段话，使每个人了解"选择自己的态度"这个
理念，并使每个人都能将其与自己的情况相结合。

◎ 提出动机。

◎ 坚定信念，坚持到底。

玛丽·简心想：现在是最困难的时刻，我该对三楼的员工说些什么呢？

她开始把自己的想法记录下来。周一早晨，员工们分两组开会，一组在会议室与她开会时，另一组就负责接电话，然后相互交换。第一组到齐了，她先静静地听大家谈论家务事和对周一早晨就开会的抱怨。她想：这些人都是好人。当他们安静下来听她讲时，玛丽·简感到自己的心跳很快。现在她要按照计划推进了。

玛丽·简的陈述

玛丽·简说："今天，我们要讨论一个很重要的问题。几周前我们公司的老板参加了一个会议，回来之后，他认为公司必须成为一个充满活力、更有干劲儿、更加热情且精力更旺盛的地方。他认为要在这个变化迅速、兼并频繁的行业具有竞争力，员工就一定要充满活力和干劲儿，这样我们才会有更强的生产力，才能人尽其才，更长期地坚守岗位，提供更完美的客户服务，有更出色的表现。之后他召集了一次公司领导层的会议，会上，他将我们三楼称为'有害精神垃圾场'。真的，他称我们三楼是'有害精神垃圾场'，而且大发雷霆，表示要来清理我们。"

玛丽·简看了看大家震惊的表情。老员工亚当马上评论道："我倒是巴不得他们这么做，因为我们做的是地球上最令人厌烦的工作。"

随后，一位萎靡不振的员工说："即使充满活力，那又有什么不同呢？我们还不是一样得把无聊的工作做完吗？"

但是，没有人对被称为"有害精神垃圾场"提出反驳。

玛丽·简继续说："我想这件事不会就这么不了了之的。噢，公司老板可能不会一直盯着这事，比尔过一段时间也会忘掉，但我不会忘记。要知道，我对这种提法是完全赞同的，我们就是'有害精神垃圾场'，公司其他部门都厌烦和我们打交道，他们也称我们这儿是'地狱'。他们吃午饭的时候开我们的玩笑，在走廊里公然讥笑我们。但他们是对的，这里简直就是地狱。我们大多数人都不喜欢到这里来，更有甚者，我们自己也称这里为地狱。我想我们能够也应该改变一下这里的状况。我也想让你们知道我们为什么要改变。"

众人吃惊的表情已换成了目瞪口呆，全场鸦雀无声。

"大家都知道我的故事。丹和我带着希望、梦想和两个年幼的孩子来到这个城市，丹的突然离世给我留下的是孤独。丹的医疗保险根本不够支付巨额的医疗费用，所以我的财务状况非常紧张。

"你们或许不知道，所有这一切对我的影响有多么大！在座的有些是单身母亲或单身父亲，你们应该能理解我的感受。我曾失去过信心，我也曾随波逐流，不再冒险，害怕我的安稳生活受到影响，我需要这份工作。现在我的安稳受到了威胁，事实上这正是我的随波逐流造成的。这听起来似乎很可笑，但安稳的日子确实已经结束了！

"我已经退到底线。我仍然需要这份工作，但是我不想在'有害精神垃圾场'这样的地方浪费我下半辈子的时间。丹的教训直到今天还在影响着我，生命太宝贵了，我们不应该混日子混到退休。我们在工作上花费了太多的时间，以至于浪费了生命的大好时光。我认为我们能够把这里变成更好的工作场所。

"现在有个好消息。我认识一位就职于世界著名公司的顾问，他是一位激发活力的专家。你们以后会见到他的。今天，我准备转达他的第一个忠告：选择自己的态度。"

玛丽·简就"选择自己的态度"这一理念继续进行讨论，然后她询问大家有什么问题。

史蒂夫举起手，玛丽·简点头示意之后，他说："假设我正在开车，一个不守规矩的司机想在我前面加塞儿。这会让我心烦意乱，我可能会气得按喇叭、打手势。我想你明白我的意思。有什么可选择的？我什么也没做错，可这事就发生在我身上。我没办法选择。"

"史蒂夫，我提个问题可以吗？假设这事发生在城里治安很差的地区，你还会做这样的手势吗？"

史蒂夫笑了，他说："当然不会！那样岂不是要挨揍了。"

"看看，你可以选择在暴力多发区的反应，难道你在治安好的地区就没有选择了吗？"

"好啦，玛丽·简，我明白你的意思了。"

"史蒂夫，你提的问题非常好，我们虽然不能控制其他人开车的方式，但是我们可以选择做出什么样的反应。对我们公司来说，虽然我们无法选择我们要从事的工作，但是我们可以选择如何对待这份工作。我希望大家开动脑筋想办法，看看你们能否想出一些让我们做出选择的事情。祝你们好运！我们的饭碗能否保住就全靠这些办法了。"

第二组会议和第一组差不多。当没有人再提问时，玛丽·简利用第一组史蒂夫向她提的问题进行解释。现在才是周一上午 10 点 30 分，玛丽·简已经很疲惫，但她意识到这是她第一次选择自己态度的机会，并已付诸行动。

一周很快就过去了。玛丽·简经常利用每天在办公室与员工碰面的时间反复谈论"选择自己的态度"这一理念。遇见史蒂夫时，她说："小伙子，在员工大会上你真的把我问倒了。"

"希望我没有让你难堪。玛丽·简，你给我的触动很大。最近，我的生活有了一系列的变化。你点醒了我，只要我有一点儿自制力和勇气，我就能做出重大的选择，并且是很好的选择。"

"勇气？"

"我的人际关系没有处理好，我需要想办法改进。我现在才明白，自认倒霉或怨天尤人并不能解决任何问题。我们需要有面对困难的勇气！很抱歉我这么闪烁其词，但是这确实是我个人的问题。"

"史蒂夫，祝你好运！非常感谢你对我的信任，跟我讲了你的想法。"

"啊，玛丽·简，我们都很信任你。这份工作真是令人厌烦，大家听到的都是抱怨。我们觉得自己总是在被批评。加油干吧，我会一直支持你的！"

听到这么多鼓励的话语，玛丽·简十分高兴。虽然员工们还没有把握具体做法，但大多数人喜欢这个创造愉快的工作环境的想法。

周五发生了一件意想不到的事情。玛丽·简一走出三楼的电梯，就看见一张大海报，最顶端写着"选择自己的态度"，中间则写着"当天的菜单"。菜单下面有两幅画，一幅是面带微笑的脸，另一幅是紧皱眉头的脸。玛丽·简欣喜若狂：他们终于明白了。她心里盘算着，快步走进自己的办公室给朗尼打电话。

她把"菜单"的事告诉朗尼之后，提议要在周一共进午餐时继续他们的讨论。玛丽·简说她真的等不及到下周了，于是他们约定周六玛丽·简带着孩子们去鱼市见朗尼。

电梯口的海报让玛丽·简欣喜若狂：
他们终于明白了。

周六：鱼市

　　周六的鱼市总是很繁忙，所以朗尼建议他们早点儿去。玛丽·简不知深浅地问他最早可以什么时候到，朗尼说他早晨5点就开始工作了，最后他们约定8点见面。

　　布莱德和斯泰西在车里昏昏欲睡，但一进西雅图市区，特别是车子开进停车场后，孩子们就兴奋起来，变得手舞足蹈了。孩子们的问题接二连三地冒出来："他们在什么地方能捕鱼？有大鱼吗？他们有鲨鱼吗？那里有其他孩子吗？"

　　当他们三人走到派克街鱼市时，玛丽·简吃了一惊，市场怎么这么安静啊！她很快发现朗尼正站在鱼品展示区。鱼和海产品已经用冰包起来，整齐地排在一起，并标有详细的名称、价格和鱼类的特点说明，她对此留下了深刻的印象。有一个区域除了冰以外，什么都没有。

"早啊！"朗尼微笑着说，"这两个小家伙是谁啊？"

玛丽·简向他介绍了她的孩子们。朗尼表示欢迎，并说工作时间到了。当玛丽·简从包里掏出笔记本时，他连忙阻止："不是那种工作，我想让你们三个帮我把这些鱼摆好。"

布莱德说："太棒了！"

"我找不到适合你们穿的靴子，但我找到了三条围裙。给你们，穿上吧！动手把这些鱼包起来。"

斯泰西有些不知所措，玛丽·简赶快给了她一个拥抱，陪她在展示区前参观。朗尼则把布莱德带到商店后面的冷冻库。大约 15 分钟之后，朗尼和布莱德推着一大车鱼回来了。准确地说，是朗尼推着大车，布莱德踮着脚尖紧紧地抓住把手。

玩　乐

　　布莱德兴奋地说:"妈妈！哇！真不是吹牛，后面足有 100
万条鱼，是吧，朗尼！我也帮了忙！"朗尼对布莱德点头微
笑，装作极其认真的样子，说:"我们要把这些鱼装箱，好开
张做生意。小伙子，给我帮帮忙怎么样？"

　　布莱德玩得正欢，他帮朗尼挑选金枪鱼。朗尼用冰将鱼包
起来，摆放整齐。金枪鱼几乎与布莱德一般大，玛丽·简用手
机拍了几张照片。朗尼和布莱德一起干活的样子很有意思，朗
尼有时搞些恶作剧，假装鱼咬了他，或是做些动作把布莱德逗
笑。当一排只能再放最后两条金枪鱼的时候，朗尼就交给布莱
德，自己只象征性地搭一下手。如果这时要让布莱德挑选谁是
"战斗英雄"的话，他肯定说是朗尼。

　　"该让你妈妈上场了。玛丽·简，掏出你的笔记本，现在布莱德会告诉你，为什么这个工作场所总是活力四射。他可以说出第二个理念。"

　　"布莱德？"

　　"没错。那些选择自己的态度的卖鱼伙计选定的第二个理念，与任何一个孩子的选择没有什么不同。我们长大以后，渐渐变得不苟言笑，就忘记了这个方法的重要。布莱德，告诉你妈妈，你在休息时干什么？"

　　布莱德一边抬头看着上面的金枪鱼，阻止它滑出柜台，一边不假思索地说："玩乐！"玛丽·简打开笔记本写了一个词——"玩乐"。她的脑海里迅速闪现出第一次在鱼市看见的情景，成年人利用休息时间把鱼市变成了游戏场，大家抛鱼玩、相互之间开玩笑，顾客也大声叫喊着下订单，声音一浪高过一浪。整个现场让人情绪激动。

　　"别误解我的意思。"朗尼说，这是实实在在的生意，需要赚钱、付很多工资的生意。我们做起生意来毫不含糊，但是我们发现认真做生意的同时也可以乐在其中。不用太紧绷，这就叫和气生财吧！我们的许多顾客觉得像是在玩儿，其实就是一群大孩子寻开心，当然是有礼貌的。

鱼市活力四射的第二个理念：玩乐。我们长大以后，
渐渐变得不苟言笑，就忘记了这个方法的重要。

　　"这样做的好处很多。我们卖了很多鱼，员工流动率低，我们把那种单调乏味的工作做得很开心，同事之间成为朋友，就像夺冠球队的队友一样。我们对工作本身和工作方式感到很自豪。我们的市场成了世界上著名的鱼市。就像布莱德做的所有事情，其实这些不需要动脑筋。我们都知道怎么玩！"

　　布莱德说："嘿，妈妈，你干脆把你们公司的人带来和朗尼一起工作吧，好让他教他们怎么玩！"

让别人快乐

　　玛丽·简还在记笔记，突然，有人在旁边跟她打招呼：
"嘿，记者小姐，想买鱼吗？"朗尼的一位同事走过来，手里抓
着一个巨大的鱼头。"我给你最好的价钱，它少了点儿零部件，
但价格公道。"他把鱼嘴摆成微笑的样子，继续说，"我叫它
'微笑寿司'，只要一分钱。"他带着顽皮、夸张的微笑看着她。

　　朗尼哈哈大笑，布莱德当然想去抓鱼头，斯泰西则躲在妈
妈身后。玛丽·简拿出一分钱，给了那个外号叫"狼"的卖鱼
伙计。她不必打听就知道为什么别人都叫他"狼"，他长发蓬
乱，眼睛看所有的事物都像盯着猎物一样。当然，这只"狼"
明显被驯化了（假如可能的话），他的笑容如慈父般。"狼"把
"微笑寿司"放进包装袋，递给了笑容满面的布莱德。害羞的

斯泰西那天早晨第一次开口说话，说也想要一个。"狼"又拿了两个来。现在，他们每个人都有了一个"微笑寿司"。

朗尼说："谢谢，'狼'！你做得太棒了！你让我们知道了为什么这个世界著名的市场是如此充满活力、生机勃勃——你展现了它成功的第三个理念！"

"是吗？"玛丽·简问。

"玛丽·简，想想你前两次在这里，你记忆中有什么突出的印象？"

"我记得一个年轻的红发姑娘，大约 20 岁，她站在柜台上专注地抓鱼。当然，她知道鱼有点儿滑，两次都没抓着，但她特别高兴。"

"你为什么会记得这么清楚呢？"

"她太富有朝气、太活泼了。所有的人都被她感染，好像也变得跟她一样有活力了。"

"那你觉得布莱德今天会记住什么呢？"

"像大小伙子一样做事情、参观冷冻库、和你一起工作。"

"我们称之为'让别人快乐'。我们尽量多找一些能留下愉快记忆的方法。我们在任何时候让别人快乐，都能给他留下深刻的印象。我们的工作轻松愉快，我们会自创新招来吸引顾客。关键字眼就是'吸引'。我们不想远离顾客，而是努力让顾客既得到我们的尊重，又能融入我们的快乐。我们要是做到了这一点，就会给顾客带来快乐。"

玛丽·简打开笔记本记下"让别人快乐"。她思绪万千：他们吸引别人并邀请大家一起分享快乐，顾客参与其中，微笑和美好的故事会在记忆里留存很长一段时间。其他人的参与和"让别人快乐"的工作风格又将直接引起更多顾客的注意。神奇的心理学！把你的注意力集中在让别人快乐上，就会产生一连串积极的情感交流。

"喂，想什么呢？"

朗尼、布莱德和斯泰西正注视着她。"抱歉，我在想那个理念怎么会有这么大的威力。我希望我能找到一种在我们公司应用'让别人快乐'这一理念的方法。"

"市场要开始营业了。带孩子们去吃点儿东西吧，别再讨论了。孩子们，你们饿吗？"

"饿极了！"

鱼市成功的第三个理念：让别人快乐。

在任何时候让别人快乐，都能给他留下深刻的印象。

投　入

　　他们在街对面找到一家咖啡厅，点了咖啡、热巧克力和小甜面包。市场里很快就涌入了很多人，朗尼叫她注意卖鱼伙计与这些人打交道的方法。他让她观察他们的行为举止，并告诉她，仔细观察，她就能发现最后一个理念。她的眼睛就盯着他们，对他们顽皮的态度和轻松愉快的方式大为惊叹。玛丽·简随后把注意力转向暂时没有客人的卖鱼伙计，他们看起来很专注，四处张望着寻找下一位客人。

　　最终，她还是从前天晚上不愉快的经历中找到了答案。她记得她带着两个烦躁不安、准备睡觉的孩子去商店，在柜台前不知站了多长时间，等着一个店员对另一个店员讲完他怎么装饰汽车。孩子们不耐烦地拉着她的衣服吵着要回家，而店

员们还是没完没了地聊着。她想：像这种事情在鱼市是不会
发生的，这些卖鱼伙计都在全神贯注地干自己的事，我甚至怀
疑他们可能根本没有分神做过白日梦！她问朗尼，这是否就是
答案。

"你猜到了，真厉害！"朗尼孩子气地咧嘴一笑。"'有害
精神垃圾场'要当心了，玛丽·简要出马了！"随后，朗尼继
续说，"有一次我在杂货店，等着店员回到猪肉柜台。店员们
很开心，聊得很痛快。问题是他们相互之间玩得高兴，却把我
晾在了一边。如果他们和我一起聊，也许就是另一番感受了。
他们所做的大部分是对的，但是漏掉了重要的一点：他们心不
在焉，也没注意到我这个顾客的存在，他们只顾自己闲聊了。"

玛丽·简打开笔记本写下"投入"。朗尼向她展示了他在工
作中是如何践行投入这一理念的，朗尼说："我得回去工作了。
大家很愿意帮我分担工作，但我不想做得太过分。不过，在我
离开之前还有一个忠告。"

"洗耳恭听。"

"好啦。我的意思并不是想告诉你该怎么工作。但我想，
你应该想办法，让你的员工自己来体验一下，这是很重要的。
我不知道单凭讲述这些理念是否行得通。布莱德的主意不错，

玛丽悟出了鱼市成功的第四个理念——投入。

你应该带他们到这里来。"

"你和布莱德一唱一和的。我在忙于解决问题的时候，很容易忘记我的员工需要在他们自己的经历中学习，而且还要给他们时间转化成内心的动力。非常感谢你所做的一切！你给了我们快乐！"

布莱德在回来的路上一直说个不停。玛丽·简能做的就是安静地听他说，她脑袋里有一个有点儿狂热的想法。她咧嘴一笑，准备在周一公布。

她告诉我，然后，

我自己又发现了。

——无名氏

周日下午

　　周日下午，玛丽·简抽出时间，打开笔记本，就此前的记录简单延伸了一下："我该如何称呼这四个理念呢？它们不仅仅是步骤或者要点，它们是原则，但这还远远不够揭示其内涵。要不就叫实践？实践胜于理论。它是你实际采取的行动，你做得越多，就会做得越好。没错，这些都是实践。"

　　选择自己的态度——我觉得我们在这一点上已经有一个良好的开端。员工们想出的"菜单"是很了不起的主意，这是真正进步的迹象。要是不选择自己的态度，其他都是在浪费时间。我需要继续探索和扩大我们对这个理念的认识。

玩乐——鱼市是一个成年人的游戏场所。如果卖鱼伙计在工作时可以这么开心,我们公司也有希望做到。

让别人快乐——一定要鼓励顾客一起玩,气氛才会热烈。不能像我在洛杉矶的老板,从来没有让我享受到工作的乐趣。

投入——卖鱼伙计都是全身心投入,他们没有心不在焉或忙着打电话,他们盯着来往的人群,热情地招呼顾客。他们与我聊天,关注我的需求,就像是很长时间没有见面的朋友。

周一早晨

一走进电梯，玛丽·简就发现比尔正好在她后面。那就不用去他办公室了，她想。但电梯里太拥挤了，他们无法说上话。当电梯门在她所在的楼层打开时，她转过身把一个包裹递给她的老板，那个包裹散发出特殊的气味。"比尔，给你一件礼物，叫'微笑寿司'。"电梯门关上时，她听见一声大叫："玛丽·简！"

她坐在办公桌前没几秒，电话铃就响了。"奇怪的礼物，玛丽·简。"比尔用略带笑意的声音说。她告诉比尔自己周六在鱼市的经历。"玛丽·简，你听好，我不知道鱼市和咱们公司有什么关系，但如果往后的日子你能让我面带微笑，说不定你就真的有自己的一套了。"

　　玛丽·简挂上电话，觉得自己和比尔的关系有些不同了。她想，他手底下肯定没有人敢跟他唱反调，但让人有点儿想不通的是，他似乎欣赏我选择不吃他那一套的做法。

实地考察

周一早晨开了两次员工会议，玛丽·简在第一组的会上直截了当地说："你们寻找新工作方式的努力给我留下了很深的印象，这提醒我们，我们每天都能选择自己的态度。'选择自己的态度'的菜单是个非常好的主意，现在整栋办公楼都在谈论它。让人高兴的是，我确实听到了一些肯定。现在要采取下一步行动了！我希望大家亲身体验一下，利用一次午餐时间进行实地考察。一组周三去，另一组周四去。我们将提供午餐，只要你们人到就行了。

"我们实地考察的地方，你们大多数人可能以前都去过。我们要到派克街鱼市去学习如何让工作充满活力。那里的人能解决我们的问题。我们的任务是要明白并学会运用他们成功的理念。"

"我预约了牙医。""那天中午我有饭局。"玛丽·简周围出现一片反对的声音。她很惊讶地听到自己发出一道强有力的命令:"我希望大家重新安排计划,使这次实地考察能够成行,这很重要!"

到了周三,第一小组在大厅集合,向市场出发。"你们要做的是留意你们的所见所闻。"玛丽·简笑着说,"注意,随身带着酸奶。"她引用尤吉·贝拉的话说:"你们可以靠旁观看出许多门道。"有名员工礼貌地朝她笑了一下,她想这是一个好的开端。

他们抵达鱼市时,这里已经非常繁忙。大家很快散开了,这使她很难看到效果如何,但她注意到有几个员工显然很开心。她看见约翰和史蒂夫正与一个卖鱼伙计亲密交谈。"你和顾客在一起时,要与他们面对面……就像是面对你最好的朋友……旁边会发生很多事情,但你仍然要全神贯注地对待顾客。"那位红头发的卖鱼伙计跟约翰说。

玛丽·简想:这对约翰和史蒂夫太有好处了,真是开了个好头!

周四,轮到第二小组去实地考察了,他们很可能与第一组

大家在鱼市玩得很开心，
这让玛丽·简感到很欣慰。

通过气了。他们几乎没有提问，比另一组显得沉默寡言，直到发生了一件特殊的事情。有人问老员工斯蒂芬妮想不想到柜台后面去抓鱼，她平时很腼腆，但这次居然答应试一下。两条鱼从她手中滑落，人群开始兴奋起来，同事们也觉得很好玩。第三次抓鱼的时候，她表演了一个让人眼花缭乱的赤手抓鱼动作，博得了满堂彩，现场夹杂着掌声、嘘声和口哨声。她简直有点儿乐不可支。可见，卖鱼伙计们真让她开心极了。

斯蒂芬妮似乎让气氛活跃了起来，其他人纷纷加入玩耍的行列。只要有条鱼从头顶飞过，公司的人不仅会高举酸奶杯，还会自创花样举杯了。

周五下午的会议

　　周五下午，玛丽·简分别给两个小组开会。"如果能跟派克街鱼市的人一样在快乐的地方工作，岂不是很快乐的事吗？"她问。一些人点头微笑，大家头脑里一定闪现出鱼飞过他们头顶的画面。斯蒂芬妮是笑得最开心的那个。随后，问题就出现了。

　　两个组都一样，笑完之后就有人提反对意见。马克说："我们又不卖鱼！"贝丝补充说："我们没有什么可扔的。"安接着说："这是小伙子们的事。"另一个人说："我们的工作很无聊。"一位爱说俏皮话的人说："我们扔订单吧！"

　　玛丽·简耐心地对大家说："你们说得对，这里不是鱼市，我们要做的事情跟他们的完全不一样。我的问题是：你们是不是也希望在一个和世界著名的派克街鱼市一样充满活力的地方工作呢？在那里你可以经常微笑，工作起来劲头十足，每天都盼着上班。你们已经想出了许多选择自己的态度的方法，你们还想不想百尺竿头更进一步呢？"

斯蒂芬妮大声说："我喜欢我们这里的人，大家都是好人。但我不喜欢来工作，在这个地方我几乎不能呼吸，就像在太平间一样。所以我干脆直说了吧！我正在寻找另一份工作。如果我们在这里能够找到一种方法创造出不同的气氛，那它就能变成一个令人满意的工作场所。我肯定会考虑留在这里。"

"感谢你的真诚和鼓励，斯蒂芬妮。"

史蒂夫补充说："我想让这个地方更有乐趣。"

兰迪举手要发言。

"你说，兰迪。"

"你前两天说过你自己遇到的难题，玛丽·简。我从来没听上司说过自己的难处，这让我想了好久。我一个人独自抚养孩子，我需要这份工作和各种福利。我不喜欢闹事儿，但我得承认，有时我会拿别的部门当出气筒。他们好像过得很好，我却陷入这样的困境……多亏你帮助我们认识到，是我们自己把这里变成了陷阱。准确地说，如果我们能选择设陷阱，我们也能选择把它变成别的样子。这种想法使我很高兴！如果我能学会开心，并且感到很幸福，那么，我想我也能学会开心地去做我生活中其他的事情。"

"谢谢你，兰迪！"玛丽·简转过身，心怀感激地看着兰迪，说，"我看见有几个人在点头，我知道今天你在这里说的都是发自肺腑的。你已经用你的心声感动了我和其他人。非常感谢，感谢你和大家分享！让我们创造一个更好的工作环境，一个我们都喜欢的地方！"

"下周一我们开始在三楼应用鱼市哲学。从现在起，我希望你们思考一下你们在那里的经历，记下你们发现的所有问题、产生的所有想法，下次我们一起讨论如何解决这些问题。让在鱼市的所见所闻激发你们的灵感。"

那位爱说俏皮话的人又冒出一句："很好，如果不能扔订单，总可以扔一扔碎纸机里的纸屑吧？"房间里充满了笑声。玛丽·简觉得，这种感觉真好！

随后她给每个人发了一份她在鱼市草拟的提纲，并以她个人的观察对每个人的表现做了总结。她鼓励员工在周末休息时，回味并记录下他们自己的感想。

第二组会议结束后，玛丽·简回到办公室时已经觉得筋疲力尽。她想：我让他们在周末休息时想些问题，他们会去想吗？她知道，可能有一半的员工会找一些理由在周末带着家人和朋友再去鱼市。

玛丽·简的提纲

选择自己的态度——卖鱼伙计都知道他们每天要选择自己的态度。其中有人曾这样说："工作的时候，你是什么样的人？你是无奈、厌倦，还是想做出成绩？如果你希望举世闻名，就要做得与众不同。"我们在工作的时候，究竟想成为什么样的人？

玩乐——卖鱼伙计在工作的时候充满乐趣和活力。我们怎样才能有更多的乐趣、创造更多的活力？

让别人快乐——卖鱼伙计和顾客一道度过了快乐的时光，他们采用吸引顾客的方式创造活力、树立品牌。谁是我们的顾客？我们采用什么方法吸引顾客并使他们快乐？我们相互之间又怎么得到快乐？

投入——所有卖鱼伙计都全身心投入工作。他们教会我们哪些可以让同事之间互相帮助、让顾客参与其中的方法？

请在周一带着你的想法来上班。

玛丽·简

周末的鱼市

斯蒂芬妮听见有人说："老师给你们留作业了？"她抬起头，看见一条鱼正飞过头顶和朗尼微笑的脸。

"嗨，你可以说是我的老板给我们留了家庭作业。"

"是玛丽·简吗？"

"你怎么知道的？"她的声音被一个卖鱼伙计的喊叫声淹没："三条金枪鱼飞往巴黎！"喊声还带有装出的法国腔。朗尼好像还是听见了她的回答。她想：难怪他们这样专注，如果他们想在这么嘈杂的地方交流，就必须专注。

"我看见你这一周都和玛丽·简的小组在这里。我记得在鱼市，你是第一个用手抓住鱼的女侠。"

"真的吗？"

"那么，我能帮你什么忙吗？你似乎有些为难。"

她看了一下笔记，说："我认为我已经弄懂'投入'的含义，就像你现在对待我的方式。当我抓着鱼的时候，感觉真好……我永远忘不了你们是怎么让我快乐的！快乐对我来说是很容易的。我喜欢过得快乐，天天嘻嘻哈哈的，但我还是没弄懂怎样选择自己的态度。我的意思是说，难道你的态度跟你受到的待遇和碰上的事情没关系吗？"

"关于态度的问题，我建议你去问一下'狼'。'狼'正要成为一名职业赛车手的时候，发生了一起严重的事故。好啦，还是让'狼'来讲自己的故事吧！我们得回冷冻库去，你冷吗？"

"我们可以一起去吗？"

斯蒂芬妮看见她左边站着史蒂夫、兰迪和一个可爱的孩子。寒暄后，他们一起去找"狼"聊天。"狼"告诉他们，自己如何从事故中逐渐痊愈，又如何学会每天选择自己的态度。他的话给他们三人留下了深刻的印象，大家纷纷表示要在周一的会上与同事们分享。

后来，史蒂夫先走了，斯蒂芬妮、兰迪和兰迪的儿子去了街对面的咖啡馆。他们要了咖啡，兰迪的儿子吃了一个很大的巧克力酥顶玛芬蛋糕。

斯蒂芬妮说："我们最好还是清扫一下我们的'有害精神垃圾场'，因为下一份工作不会有什么不同。好好想想吧！有几个老板会像玛丽·简这样？我很佩服她！想想她克服了多少困难！我听说，她还顶撞了性情古怪的比尔·沃尔什，其他部门的经理没有一个敢反抗这家伙。我的意思是，她真的很棒，对不对，兰迪？"

"斯蒂芬妮，你说出了我的心里话。如果卖鱼伙计都可以做到他们想做的事，我们有了玛丽·简这样的老板，还怕有什么做不到的呢？有些同事也像我以前一样害怕，他们因害怕而多疑。如果我们带个好头，也许会有所帮助。我想，只有我们下决心把事情做得更好，情况才会真的好转——我希望一切变得更好。"

当斯蒂芬妮走向车位时，看见了贝蒂和她的丈夫。她向他们挥挥手，又发现人群中还有办公室的三位同事。"好极了！"她想。

斯蒂芬妮和兰迪暗下决心要把三楼变成一个工作的好地方。

制订方案

周一早晨第一组开会时，房间里一片议论声。在会上，玛丽·简说："我们现在要清扫一下'有害精神垃圾场'。今天，我们来看看，大家是否从鱼市汲取了更多的经验和心得，然后再决定下一步的工作。有谁在周末又有新的发现可以与大家分享？"

斯蒂芬妮和兰迪跳了起来，她们轮流讲起与"狼"的对话。

斯蒂芬妮先说："一开始'狼'有点儿慌，但他还是很有一套。我的意思是，他有些粗声大气。他告诉我们，他是一名职业赛车手，由于一次惨痛的事故，他的职业生涯突然中断。他曾一度自怨自艾，沉湎于痛苦不能自拔。直到女朋友离开了他，朋友也都不再给他打电话，他才意识到，必须做一次重大的选择：要么选择活下来并且过得充实，要么自甘堕落，一再错失良机，就此浑浑噩噩地过一生。从那以后，他每天都选择充实的生活。这故事真感人！"

兰迪接着说："我儿子迷上了'狼'。'狼'促使我认真考虑了三楼的问题，也考虑了我们有多大的力量改变我们亲手造成的局面。如果我们吸取'狼'的教训，我们就能够将三楼变成一个工作的好地方！我们必须每天选择自己的态度，而且要好好选择！"

史蒂夫点头表示同意。"在听到'狼'提到自己的选择之后，我也开始反思我自己是如何谈论工作的，"他说，"我意识到自己总是在抱怨，却从未采取任何行动解决问题。我的抱怨不能帮我实现任何目标，但诸如'让别人快乐'和'投入'这样的词却能提醒我，我有能力让别人的生活变得更好。这也让我对自己的工作的看法有所改观，尽管它依然并不完美。"

"你说得很棒，史蒂夫，"玛丽·简表示，"我听过这样一种说法，如果你想改变文化，那首先就要改变自己的对话语言。朗尼跟我说，当市场里的那些人开始用新的方式谈论工作时，他们也就真的贯彻到了生活中。鱼市理念为我们提供了一种新的共同语言。我们在投入、让彼此快乐、玩乐、选择我们的态度这些理念上讨论的时间越多，留给那些无用语言的时间就越少。"

玛丽·简露出了赞许的微笑，她说："谢谢，史蒂夫；谢谢，兰迪；谢谢，斯蒂芬妮。看起来你们这个周末很忙啊。谢谢你们没有要加班费！"笑声过后，玛丽·简问道："谁还能提供一些想法有助于弄明白这些实践？"45分钟后，玛丽·简决定结束这次讨论："谁来说说，要改变目前的处境，我们从哪儿开始呢？"

"我们是不是可以按四项实践各组成一队呢？"一位新来的员工说。

很多人都点头表示同意。

"好吧，"玛丽·简说，"让我看看另一组是否同意这种方法。你们可以选择你们自己喜欢的队，如果另一组也赞同的话，我会把相关细节做成备忘录，明天给你们。还有什么要讨论的吗？"

会议结束后，她把登记表分给大家，并要求每个人在四个队中任选一队。第二组开会的人员一致赞同有关任务小组的构想，尤其是看到了明确的行动计划后，更是如释重负。

各队行动

因为有太多人加入负责"玩乐"的队，玛丽·简跟大家协商："我有三件正版的派克街鱼市文化衫，可以送给从'玩乐'队换到'选择自己的态度'队或者'投入'队的前三名！"等到各队人数相当以后，她就把总的指导方针和期望的结果整理成一份备忘录。

各队的指导方针

◎ 各队有六周时间来讨论、研究各自的主题，收集更多的信息，并整理向全体队员会议汇报的演讲稿。

◎ 各队的汇报必须有行动方案，便于我们的研究具有可行性。

◎ 各队可自行决定会面的次数，可以在上班时间每周抽出两小时来组织活动。在活动的同时，各队必须安排人手照常完成工作。

◎ 每个队有200美元的预算，可自行安排。

◎ 如果某个队陷入僵局，我会出面协助，但是我希望各队能靠团队的力量自己解决问题。

祝大家好运！让我们创造一个大家都渴望来工作的环境！

玛丽·简

各队报告

六周之后，各队要上台汇报了。玛丽·简很是期待，她问过比尔，能不能从其他部门调人来处理上午的主要工作，她要召集三楼的全体会议。令她惊讶的是，比尔不仅调派了人员代班，还亲自下楼来帮忙。"我不知道你在做什么，"他说，"但是我已经感觉到三楼有了活力。继续好好干，有什么事情尽管来找我！"

玛丽·简有些紧张。每个队都提出至少要和她会面一次，她竭尽全力地帮助和支持他们。最后两周，有人要求阅读一些资料，或是使用会议室，没有任何一队的要求超出范围。她对四份报告一无所知。今天是这四队人马完成任务向大家报告的日子！

　　早晨 9 点，他们步行来到亚历克西斯宾馆。比尔和其他支援的人也已经到办公室代班。"祝大家好运！"他说。

　　他们到了亚历克西斯宾馆，就直接被带到会场。挺像样，玛丽·简心想。她决定让"选择自己的态度"队最后出场。她向各队解释说："我想最后讨论最基础的理论，让它成为大家思考的重点。"

　　玛丽·简进入会场时百感交集。会议厅光彩夺目、乐声悠扬、活力充沛。气球挂在每张椅子上，鲜花把整个厅堂装点得春意盎然。她想他们已经回应了挑战，他们生命之钟的发条再度上紧了。那天，最引人注目的是坐在后面一身卖鱼伙计行头的那位，他就是朗尼。会议开始时，玛丽·简找了个挨着他的座位坐下。

"玩乐"队

一位"玩乐"队的队员请所有开会的人都站到前面去。指令下达以后，大家笨拙地站成一圈。"我们的报告采用一种游戏方式，大家都要参加。""玩乐"队的发言人贝蒂说。

"玩乐"队设计了一个游戏，把彩纸裁成圆圈，在地板上一个个排成一条路，音乐响起，大家就从一个圈迈进另一个圈。每个圈上写了报告里提到的一个重点，音乐停止，站在特定圈内的人要念出写在上面的内容。内容有两大类，一个是玩乐的好处，另一个是将其运用到工作中的具体方法。玛丽·简想：太棒了！

玩乐的好处

◎ 快乐的人会善待他人。

◎ 玩乐会激发创造力。

◎ 玩乐的时候，时间过得很快。

◎ 玩得尽兴有益于健康。

◎ 工作本身就是一种奖赏，而不是获得奖赏的手段。

把玩乐运用到三楼的具体方法

◎ 贴上标语：这是一个游戏场，当心大孩子。

◎ 举办每月最佳笑话比赛，并设发表笑话的黑板。

◎ 增加色彩，使环境更有吸引力。

◎ 摆放植物和水族箱以增添生活气息。

◎ 安排特殊活动，如午餐时间的喜剧表演。

◎ 安装一些小电灯，当你有好主意或要增加光亮的时候，打开小电灯。

◎ 用创意来引导。

◎ 划定一个创造力区域，可称为"游戏场"。

◎ 设立长期的游戏委员会，让游戏创意源源不断。

"让别人快乐"队

第二个出场的是"让别人快乐"队。"我们在这里做准备的时候，请大家去大厅喝点儿咖啡。"这是他们的第一条指示。当大家被叫回会场时，他们已将所有参会的人分成几个小组，每组有一名"让别人快乐"队的队员。在大家忙着寻找自己所在的小组时，斯蒂芬妮开始描述指令。

"我希望各组用 15 分钟列出支持并提升公司核心业务人员工作的策略，这些核心业务人员就是我们的内部客户。首先，我要向大家公布一些针对我们内部客户的调查结果。深呼吸，有点儿心理准备，因为你们将看到你们并不喜欢看到的东西。"幻灯片打出后，震惊的情绪弥漫整个会议室，甚至连彼此的鼻息都听得清清楚楚。

内部客户调查结果

1. 内部客户害怕与我们打交道。他们把我们称为"梦游者"，因为我们常常像服了镇静剂一样，总是一副睡眼惺忪的模样。他们情愿发生善意的争辩，也不愿受到冷漠的对待。

2. 我们做的工作挺多，但是我们自己很少提供帮助，协助他们为外部客户提供服务。我们只是做了分内的工作，不愿再多做一点儿。

3. 我们对待内部客户的态度就像他们打扰了我们一样。

4. 我们经常对内部客户踢皮球，从来没有想过要尽心帮助他们解决问题。我们的表现像是在敷衍塞责。

5. 内部客户时常嘲笑我们下午4点以后处理事情的态度不是反应过激，就是麻木不仁。他们讽刺我们在下午4点半时会争先恐后地抢着去乘电梯下班。

6. 内部客户怀疑我们对事业做出的承诺。

7. 我们被评价为"无可救药"。

8. 已经有人在讨论将我们部门的工作外包的可能性。

斯蒂芬妮介绍说："开始时，我们队对调查结果感到震惊

和气愤。后来我们渐渐意识到内部客户为什么会有这样的感觉。不管我们找什么借口或如何粉饰，我们都无法改变留给内部客户的印象。这正是他们眼前的现实。问题是，我们该怎么办？"

另一个队员满怀热情地接着说："我认为我们还没认识到自己在公司中的作用。许多人指望着我们，若我们扔下工作或故意怠工，他们的麻烦就大了。也许我们部门中有很多人还另外肩负重任，也许我们的付出与获得的福利不成比例，但这跟这些人都没有关系，他们只是在努力为付了报酬的外部客户服务——可现在他们把我们看作提供高质量服务的障碍。"

斯蒂芬妮说："我们需要大家集思广益，请帮助我们采取行动，清扫'有害精神垃圾场'，使我们的客户快乐！请找座位坐下然后立即开始，每组有 45 分钟的时间，想出的点子越多越好。我们队的队员会记下大家的点子。"会场一片肃静，然后各组开始处理问题，大家仍然带着第一场报告激起的活力。

时间到了，斯蒂芬妮宣布："记录人员整理笔记，其余的人休息一会儿。"10 分钟后，她重新把大家召集在一起。

"让别人快乐"的好处

◎ 对业务有好处。

◎ 好好服务我们的客户，会让我们体会到助人为乐的成就感；可以让我们集中精力，抛开自己的问题，为别人提供无微不至的服务。这样做将形成良性循环，令人愉快，也会释放更多的活力。

实行"让别人快乐"的计划

◎ 错开上班时间，保证从早晨7点到下午6点都有人在岗。这对我们的客户来说很方便（也有助于我们内部那些需要在不同时间上班的人）。

◎ 把几个小组集中起来，研究我们为内部客户服务的方式。我们是否应当设立专门小组，针对不同客户群，提供不同的服务。

◎ 设立月度和年度服务奖金，获奖名单由对服务满意的客户推荐，再由我们最后决定。

◎ 执行360度全方位反馈程序，包括客户的意见在内。

◎ 任命一个特别工作组，专门从事令我们的客户惊喜和高兴的事。

◎ 邀请我们的大客户一个月"出去玩"一次。

◎ 研究推行"关键时刻"的理念，此理念是北欧航空公司率先提出的。（它的重点在于客户导向，改变金字塔式由上而下的领导，授权给服务客户的一线员工。）尽力让我们和客户之间的每次沟通都是积极的。

玛丽·简心中暗喜："如果他们这么上心，我们一定能使部门面貌焕然一新！斯蒂芬妮非常激动，她的小队也表现出同样的热情。我们能做到！我知道我们能做到！"玛丽·简慢慢下定决心，她眼角的余光注意到朗尼的脸上充满笑意。

玛丽·简心中暗喜，他们这么上心，
一定能让部门面貌焕然一新。

"投入"队

轮到"投入"队发言了，他们采用了一种完全不同的方法，一开始就播放轻松的背景音乐。该队一位队员说："闭上你的眼睛，放松一分钟。深呼吸，我会带领各位去感受内心的许多画面。这样可以帮助大家完全沉浸其中。"

大家闭上眼睛后，她说："现在，我们一起来听听我们的队员与大家分享心得。放松，保持均匀呼吸，不要睁开眼睛。"

接着，有人朗诵了几段发人深省的诗句。其中一段是：

过去已成历史，

未来尚不可知，

今天是件礼物——

于是我们称之为现在 ①。

约翰讲了自己的故事。"我的生活一直忙忙碌碌，"他语含悲伤地说，"我一直在努力保持收支平衡。一天，我女儿要我带她去公园。我告诉她这个主意很好，但当时我有一大堆工作要做。我说等以后有机会，我一定陪她去。但后来我总有忙不完的事情。日子一天天过去，几天变成了几周，几周变成一个月。"他声音哽咽着说四年过去了，而他从没去过公园，女儿现在也已经 15 岁，再也没有兴趣去公园了，女儿对此一直耿耿于怀。

约翰停了一下，深吸了一口气，说道："我跟一个卖鱼伙计讨论了关于'全心投入'的问题，我才认识到其实对家和工作，我都没有照顾好。卖鱼伙计邀请我们全家参观市场。我女儿起初不想去，我说服了她陪我们一块儿去。我与孩子们在一起，我们玩得很开心。当我妻子带儿子去街上的玩具商店时，我和女儿坐在一起，告诉她我很后悔那时没有带她去公园，要她原谅我无力改变过去。我要让她知道，现在我会全力以赴，

---

① 　英文中，"现在"和"礼物"为同一单词"present"。——译者注

尽量满足她的要求。她说我不是那种坏爸爸，我只是需要放松一点儿。我知道现在该怎么做了！我正在改进。'投入'能帮助我找回曾经丢失且不曾意识到的东西——我和女儿的关系，找回那份久违的父女之情。"

约翰讲完以后，朗尼小声对玛丽·简说："那个卖鱼伙计就是雅各布。自从他帮了约翰，他的情绪也一下子变得很高昂，那是他第一次体验到真诚帮助他人的滋味。"

珍妮特讲了她以前一位同事的故事，也颇有感触："这个人不断向我求援，但是当时我自己的事情太多了，就没怎么理睬她。我们一直没有好好地谈过，后来更是一团糟。她好像完全不能应付她的工作，却又拼命掩饰进度上的严重落后，然后就开始做假报告。最后等到真相大白的时候，已经无法挽回——她被辞退了。如果当初我能关心这位同事，及时伸出援手，也许就不会发生后面的事。"

接着，贝丝讲述了她个人的故事。有一天她儿子进来坐在沙发上，她正在一边骑健身自行车一边翻看杂志，一旁还开着电视。她看出来儿子不太开心。她说："照过去，他跟我讲话，我仍会继续做我的事。但是经验和离婚经历让我知道，对自己的亲人讲求效率并不明智。于是，我关掉电视，从健身器上下来，把杂志放到一边。我花了一个小时，仔细听儿子讲述他生活中的烦恼。我真的很高兴能够把握现在的每一刻。"

　　该队多数队员都讲述了个人以及工作中的故事。然后，他们再次确认了他们的承诺：要全身心地投入配合同事和内部客户的工作。"如果你重视现在的每一刻，你就会对内部客户表现出关心。"一位队员补充道。他们还承诺，讨论问题时全身心地投入，不管与同事讨论还是与客户讨论，他们都将集中精力倾听，不允许自己分神。他们会相互鼓励、征求意见："这个时间合适吗？你有没有全力投入？"为了提醒彼此提这类问题，他们设计了标准用语："你好像分心了！"以此作为提醒投入的特殊句型。每个人都同意试一试，每个人都答应在与同事或客户通电话时不再查阅或回复电子邮件。

"选择自己的态度"队

最后一个出场的是"选择自己的态度"队。他们的口头汇报简短而切中要害:"以下是我们队确认的'选择自己的态度'的好处。

"首先,通过接受自己可以选择态度这一点,你的责任心和主动性将得以展现,这会自然而然地使三楼充满活力。

"其次,选择自己的态度可以让你不再以受害者自居,真正做自己的主人。

"最后,我们希望你所选择的态度是在工作上全力以赴,并热爱自己的工作。目前来看,我们也许不能做自己真心喜爱的工作,但我们可以喜欢我们所做的工作。我们可以在工作中大显身手——这是我们的选择。如果我们能够真正选择自己的态度，我们就能把咱们的工作场所变成充满活力、热情和创造力的绿洲。"

践行"选择自己的态度"

玛格丽特是队中最富有生气的发言人，她认为"选择自己的态度"必须因人而异。她说："我们许多人忘记了自己有选择的能力。我们彼此之间必须相互鼓励，而且要共同努力发挥创造性和自觉性。如果你不知道自己有选择权，或不相信自己有选择权，你就将真的失去选择权。我们中的一些人有着非常艰辛的生活经历，要将'选择自己的态度'变成这些人心灵深处的自觉理念实在不容易，还需要相当长的一段时间。"

另一个队员接着说："我们找出两种方法来践行'选择自己的态度'，并且已经采取一些措施。

"首先，我们为每个人购买了一本小书——《个人责任：通向有价值的工作生活之路》（ *Personal Accountability: The Path to a Rewarding Work Life* ）。读完后，我们将组织读书讨论会。如果进展顺利，我们随后还要讨论《高效能人士的七个习惯》（ *The Seven Habits of Highly Effective People* ）以及《少有人走的路》(*The Road Less Traveled*) 等书。这些书都能帮助我们理解选择自己的态度的含义。

"其次，我们已经为每个人准备了一份'态度菜单'，你们可以贴在办公室使用。你们以前见过这个'态度菜单'，直到现在，我们还不知道是谁第一个把它贴在我们办公室门口的，因此我们也没法谢谢这个人。现在，每个人都拥有这份'菜单'了！"

玛丽·简看了一下自己的'态度菜单'，分成两边，一边是愁眉苦脸的表情，周围是"气愤""枯燥""痛苦"等字眼；另一边是喜笑颜开的表情，旁边写着"精力充沛""支持""生动""创意"等词语。"菜单"上端写着"由你选择"。从大门到三楼都贴上这个菜单，这个点子真是太棒了！玛丽·简跳了起来，向每位员工表示祝贺；朗尼一直紧跟在玛丽·简后面，以他特有的方式予以鼓励。玛丽·简同每个员工都交谈一番，直到用完午餐才结束。她知道，现在他们正在认真地清除"精神垃圾"。

朗尼和玛丽·简一起回到公司，他们引起了一些人的注意，这不足为奇：着装整齐的女白领和一个卖鱼伙计走在一起。奇怪的是，很多人认识朗尼。

朗尼说："你的老板还不知道有人挖你，对吧？"两周前，玛丽·简意外地接到公司主要竞争对手的电话，要高薪聘请她。

"我想他不知道，肯定是猎头公司和我以前的老板谈过。我以前的老板最近刚离开这里，在波特兰找到一个很好的职位。我在公司没提起过这事。"

"我本来不太明白你为什么拒绝这么好的机会，但现在明白了。你对这份工作有很强的责任感，你不会扔下你的员工不管，对吗？"

"只说对了一部分，朗尼。经过我们的努力，如果能把这家公司变得充满乐趣，变成一个工作环境很好的地方，那我为什么要离开呢？好日子才刚刚开始啊！"

2 月 7 日，周日：一年之后的咖啡店

玛丽·简打开《简单富足》一书，翻到 2 月 7 日。她想，这本书真是隽永可读、发人深省。

一年前，我坐在这里，担心我怎么才能清理那些有害的精神垃圾。事实上，就是在这里，我才意识到我自己也是问题的一部分，在我带动这个团队之前，首先要改变我自己。

那份在宾馆里提出的报告是一个良好的开端。员工本来就很有能力——卖鱼伙计激发了他们的潜能。现在，三楼和以前不同了，面临的新问题是公司所有的人都想到三楼工作。我想，其实三楼一直都是很有活力的。对于自己

得到女总裁奖，我非常惊喜。我认为女总裁一定没料到，我要求颁发32张一模一样的奖状：一张给自己，一张给比尔，其他的给我们部门里的每一位员工，还有朗尼和其他的卖鱼伙计。我很高兴见到这张奖状挂在举世闻名的派克街鱼市的收款机上方，以及朗尼家客厅中最显眼的地方。

她打开笔记本，翻到她最喜欢的部分，就是约翰·加德纳写的有关生命的意义的一段名言。

生命的意义

生命的意义并不是你偶然的发现，就像发现谜底或找到宝藏。生命的意义要在生活中体验。你根据以往的经历创造意义，你用情感和执着成就意义，你借人类世代相传的人生经验来塑造意义，依照你的天分和理解力来形成意义，你的信念构筑意义，你所热爱的人和事产生意义，你的价值观建造意义，生命的全部都在其中。是你把各种因素融合起来形成你的人生。让生活变得既有尊严又有意义吧！如果人生能这样过，世俗的成败就无关紧要了。

约翰·加德纳

玛丽·简抹去眼角的泪水，合上记录了她的思想和灵感的笔记本。

"朗尼，在你读完那本旷世巨作前，我还想再来一块小圆饼。"朗尼一直安安静静地坐在玛丽·简对面看书，他把盘子推给她。当她伸手拿烤饼时，发现对面一个张着大嘴的鱼头里有一枚订婚钻戒。她抬头看着朗尼，而他紧张的脸上一副不知所措的神情。她笑得喘不过气来，急忙说："哦，朗尼！好的！我愿意！但你能不能不这么滑稽啊？"

西雅图的天气寒冷、阴沉，但室内是暖融融的。

"女总裁奖"的颁奖典礼

　　女总裁走上讲台，望了望台下的观众。她看了一眼讲稿，抬起头说道："我记得在我的一生中，没有哪一刻像今天晚上这么令人自豪！第一金融担保公司发生了一件非常了不起的事情。在三楼这个曾经枯燥沉闷的部门里，玛丽·简和她的同事重新发现，在我们每天早晨上班的时候，我们可以选择更有意义、更有成就感的工作方式。这个方式简单得就像问：'今天会过得好吗？'回答是：'当然！我的选择就是让今天快乐！'

　　"老员工如今又焕发出刚加入公司时的热情，以往的例行公事已经转变成价值倍增的活动。我知道，这是在派克街鱼市发现的奥妙。三楼部门团队的体会是，如果卖鱼伙计们能把鱼市变成一个人们向往的工作场所，我们也能把公司的任何一个部门变成人人向往的工作场所。"

"这项改革的秘诀已经刻到装饰板上，挂在公司总部大楼的门前。"

上面这样写着：

我们的工作场所

当你进入办公场所，请选择"让今天快乐"！你的同事、客户、小组成员和你自己都将为此感谢你。找出玩乐的方法吧！我们对工作要严肃认真，但不必对自己太过较真。当你的客户和同事需要你的时候，请集中精力，全身心投入！当你感觉精力减退时，不妨试试这个补救方法，保证有效：找一个需要帮助的人，对他说些鼓励的话，或是凝神倾听，让他感到快乐！

我们可以选择更有意义、更有成就感的工作方式。

本书的运用方法

现在你已经读完本书的故事，那么接下来的问题是：我们该如何将它融入生活？以下是我们从那些成功将这些理念应用于工作和家庭的人身上学到的一些基本经验。我们还加入了四个取材于真实经历的故事，分别体现了每个理念是如何得以运用的。在每个故事中，轻松愉悦的心态、服务他人的意愿、投入当下的承诺，以及为你选择的态度承担个人责任，都为个人或组织的转变铺平了道路。

你要成为谁？本书中的理念不是一套规则或者有待完成的步骤，它是一种思维方式，可以帮助你更清楚地看到怎样才能成为你想成为的人。你在做自己手头的事情时，本书的理念可以帮助你更清晰地意识到你到底是谁。

一切从你开始。没人能替你践行本书的理念，不管你周围发生了什么，过何种生活的选择权依然在你自己手上。

你的选择会吸引他人。在践行本书的理念之后，你的人际关系和你自己都会经历积极的变化。与你志同道合的人会注意到你并主动询问："你在做什么？我怎么才能做到和你一样呢？"

你的语言塑造了你的世界。你说话的方式会影响你的思维和行为。本书的实践提供了一种积极的语言，可以改变你对内和对外的沟通，让你们可以采取行动来让彼此的生活变得更加美好。

互相感谢。在践行本书的理念的社区，人们会互相认可彼此的实践。当你看到一位同事在面对客户或其他同事时运用了其中一个或多个理念，请对他们的行为以及他们在做这些事情时扮演的角色表示感谢。你会给他们带去快乐，同时也能促进你们共同致力于本书的理念。

以身作则。当今最有效的领导方式就是以身作则。如果你是一名领导者（从不同层面上看我们都是），本书的理念是践行服务型领导力的有力途径。如果你想让自己的团队践行本书的理念，首先请以身作则。

鱼市理念是一种行事方式，不仅限于某个特定的日子。在引入本书的理念时，有些组织把践行"玩乐"放在首位，他们认为必须设立某个特别的日子，比如"疯狂帽子日"或者"快乐周五"。任何能让同事们以友爱、欣赏和有趣的精神聚在一起的活动都是好的，只是别忘了一周余下的那些时间。即便没有系一条傻乎乎的领带，你也能在工作中找到乐趣，并发挥积极的作用。

四项实践缺一不可。这四项实践是相互关联的，只要能找到其中一项的踪迹，你就一定能在同一个地方找到其余三项。虽然接下来的每个故事都分别强调了其中一项实践，但也请留心其他三项是如何体现的。

"这个美妙的夜晚"

当一个学区采纳了鱼市理念指导形成行为模式，员工和学生就开始以令人惊讶的方式给彼此带去快乐。

作为一名行为专家，塔玛拉经常想："对于不会阅读的孩子，我们不会施以惩罚，而是会耐心地辅导。那么我们为什么不用同样的方式引导他们的行为呢？"

塔玛拉在美国路易斯安那州新奥尔良市附近的一个大型学区工作，她知道，从长远来看，对于行为不端的学生，仅仅依靠惩罚是不起作用的，帮助他们培养良好的行为习惯则有效得多。但是哪些行为的效果最好呢？

接着她就发现了鱼市理念，意识到它可以打造良好的校园文化。无论你是就读于一年级还是高中，这四个理念都很容易记住和付诸实践。像"让别人快乐"和"投入"就将学生的思维从"我能为自己做什么"转变为"我能为别人做什么"，了解到自己实际上可以自主选择如何应对艰难的情况，会使他们产生一种前所未有的掌控感。相较于避免消极的结果，实现一些积极的成果能为你带来更加良好的感觉。

教职工也从中受益良多。塔玛拉把鱼市的故事分享给了包括行政和保安在内的全体同事，以便学生无论身处学校何处，他们接收的信息都能保持一致。享受与孩子们相处的时光可以增进师生之间的感情，建立彼此之间的信任。过去一直自我封闭的学生也逐渐向老师敞开心扉。一天，一个一贯不遵守纪律的小学生告诉塔玛拉："我太爱这本书了！你知道为什么吗？因为是它让你听到了我的心声。"

这本书成了这个学区的正式行为计划"积极行为干预与支持"不可分割的一部分。每个采用这项行为计划的学区都要选择一套自己期望的行为进行教授、强化和衡量。对塔玛拉所在的学区而言，这本书就是一个完美的选择。

通过这项行为计划，教职工将这四项实践推广到学校生活的方方面面。在一所小学，教职工和学生每天早上都会聚在一起，分享他们是如何践行鱼市理念的。比如某个一年级的学生抵制住了偷同学东西的诱惑，因为"那不会让他快乐"。进入高中的学生也要学习这四项实践，以及决策和压力管理，从而帮助他们了解如何才能成为一名合格的在校生。这些课程所建立的"社交能力"能让学生终身受益。

在教室、楼道和餐厅等公共区域张贴的大型海报规范了在这些区域践行鱼市理念的行为。老师们也撰写了一些小册子，介绍如何将这四项实践应用于影院、家庭和杂货店。

行为计划的一个重要组成部分就是识别和强化当下的行为。当教职工观察到某个学生正在将某项实践付诸行动时，他们不会只是简单地说一句"做得好"，而是会看着学生的眼睛，具体描述这位学生刚才的行为，以及这个行为为什么符合教职工和学生所选择的生活方式。

结果不言自明。比如，塔玛拉所在学区的迟到人数大幅减少，一所学校在某段时间内的迟到人数从数百人骤降至仅7人。纪律问题也有所减少。塔玛拉看过一项研究结果，在缺乏系统性手段的情况下，教师每年会因行为问题而损失71天的上课时间，包括需要停课、重新引导学生、把学生叫到办公室等。通过教授更有效的行为，塔玛拉所在的学区节省了许多宝贵的时间，提高了学习效率。

这个学区还将鱼市理念运用于反校园霸凌倡议。核心理念是，当好人无所作为时，校园霸凌就会盛行。校园暴力不仅关乎霸凌者和受害者，而且涉及任其发生的旁观者。这一理念强调:"我们必须关爱彼此,相互扶持,大胆地站出来说'这样是不对的'。"随着同理心的增强,欺凌行为大幅减少。

这种体贴、关怀的精神在返校节的一个难忘时刻达到了顶点。这个学区一所高中的学生自发地组织了一场选举新返校节女王的活动。他们不再投票支持人缘最好或者最擅长运动的学生,而是首次将注意力集中于一个更有意义的品质——选出他们认为最能体现鱼市理念的学生。

在加冕典礼当晚,整个橄榄球场人山人海,被挤得水泄不通,每个人都只有站着的空间。返校节其他王室成员陆续被公布时,人群中充满了期待。终于轮到宣布女王了,这一直以来都是一个重要的时刻,在这一年,橄榄球场更是洋溢着激动的气氛。当王冠被戴在返校节女王的头上时,整个体育场爆发出雷鸣般的欢呼声。这是一位患有脑瘫的学生,但她以惊人的意志克服了生活中的诸多挑战。当她骄傲地绽开笑容时,许多人禁不住喜极而泣。

这所高中的校长告诉塔玛拉,他为学生们感到骄傲,也很高兴能参加这次精彩的庆祝活动。他告诉她,当她第一次提议将鱼市理念作为学校的行为模式时,他其实将信将疑。"但现在,我对我们在这里所做的一切都深信不疑。正是我们精心培育出的校园文化造就了这个美好的夜晚。"

"一种'让别人快乐'的文化。"塔玛拉补充道，边说边微笑着拭去眼角的泪水。

"每一天都是一份礼物"

> 英奇认识到，面对挑战，你并不总是可以选择的，但是你完全可以选择你面对挑战的态度。

长期以来，英奇都没有把自己身体的不适放在心上。她是做销售的，总觉得是因为工作压力太大所致。但在看了医生并做了一系列检查后，她才明白这次事情没那么简单，甚至是性命攸关：检查发现了一个大肿块，几乎可以肯定是恶性肿瘤，必须尽快做切除手术。

英奇与医生见面时，医生向她解释了手术具体的风险，并建议她"料理好后事"。

"这是什么意思？"英奇问道，她停顿了几秒，"是要安排好葬礼吗？"

"是的。"医生平静地回答。

英奇在震惊和麻木中度过了接下来的一周，她给孩子们写了信，也为葬礼做了准备。

与医生面谈后又过了几天，在驱车前往殡仪馆敲定自己的葬礼安排时，英奇突然想起了最近与好友的一次对话。"最近我们职场一直在谈论鱼市理念。"她的朋友说。好奇怪的名字，英奇心想。但在她的朋友向她解释了鱼市理念到底是什么以后，其中两个引起了她的注意——"投入"和"选择自己的态度"。

英奇意识到自己必须做点儿什么，她决定有意识地主动选择一种态度，以此面对自己充满不确定性的余生。英奇随即掉转车头，带着明确的目标驱车回家。

英奇决定将她得的癌症改名为"肿块"，让周围的人也这么叫它。自己能否战胜癌症她不知道，但她知道区区一个肿块，她还是应付得了的。

在手术当天的早上，英奇一觉醒来感觉精神焕发。她给殡仪馆打了电话，留言取消了她的葬礼安排。"我改主意了，已经不打算去了。"她说。

英奇到达手术室后，要求与手术团队先见个面。"我知道，我所看到的，你们都看到了；我所听说的，你们也都听说了，就是我很可能下不了手术台，"她对他们说，"但是我女儿6月底就要拿到荣誉双硕士学位毕业了。我是一个单身妈妈，必须到场陪伴在她身边。此外，今年 9 月她就要结婚了，既然已经答应了要陪她走红毯，我就绝不会食言。

"我请求你们不要让这个房间留有任何消极的东西。我要的是活力，我要的是欢笑和祈祷。我请求你们以提高我生活质量的态度帮我做手术。在手术过程中，请把我看作一位牵着女儿走过红毯的女士。"

接着英奇给了大家一张光盘，里面收录的都是她最喜欢的充满活力的摇滚歌曲。她昏迷前最后听到的是一首名叫 "Tutti Frutti" 的歌曲，以及一个护士的笑声。

英奇醒来时，护士笑着问她还好吗。"当然，我挺好的。"英奇轻声回答，接着又进入了恢复性的深度睡眠。几小时后，英奇的外科医生走进她的病房，她对他的出色工作表示了感谢。他则表示，确信自己已经切除了所有的"肿块"，预后结果非常好。他还告诉英奇，在手术过程中，音乐让每个人都保持注意力高度集中，医护人员都因此充满活力、积极向上。

英奇让他留着那张光盘，她笑着说："我已经跟癌症交过手了，没啥大不了的，所以我以后不会再来一次了。"

外科医生也笑了，他告诉英奇，从来没有人像她那样和他团队的医护人员说话，那番话确实起到了很大的作用。英奇问这位外科医生，以后任何手术之前，他能否也向他的团队传达类似的信息。他同意了。一年后，当她去见这位医生进行后续治疗时，他说他仍然在播放那张光盘，还选取了其他欢快的音乐在手术期间播放。

即使是以最积极的态度应对，生命和癌症这样的事情也没有定数。英奇选择了自己要以什么样的态度面对她所能控制的事情，这或许没法提高手术团队的医疗技能，但确实影响了他们如何应用自己已经具备的技能。

英奇表示，"肿块"事件让她如梦方醒，帮助她以一种新的方式看待生活。她告诉自己，每个人都是一份礼物，每一天也都是一份礼物。她不再认为任何事情都是理所当然的，她决定去玩乐，去享受生活。她总是尽自己最大的努力全情投入，毫不犹豫地选择她的态度。"这让我每天都过得更好，让我意识到身边那些了不起的人和善意的祝福，"英奇说，"这让我和周围的人都很开心。"

"谢谢您的一番话"

一位赶时间的姑妈，一个机械的书店店员，再加一个喜欢谈论鱼市理念的男人，等于一堂生动的"投入"课。

哈里·盖斯特喜欢谈论鱼市理念。这也是可以理解的，毕竟他在海图屋培训公司（ChartHouse Learning）的工作就是帮助团队将鱼市理念融入他们的日常工作。

鱼市理念对哈里来说却不仅仅是一份工作指南。他一直都很乐于助人，鱼市理念的四大实践也改变了他待人接物的方式。每当哈里进入商店或餐馆，他总会向为他服务的工作人员做自我介绍，并询问对方的名字。以后再遇到，他都能亲切地叫出他们的名字，并无一例外地真诚感谢他们的付出。

有一次，哈里和海图屋培训公司的首席执行官约翰·克里斯坦森一起去洛杉矶出差。哈里向带他去酒店房间的行李员做了自我介绍，像往常一样，他也询问了行李员的名字，并表达了自己的感谢。几天后，哈里和约翰准备离开时，约翰在酒店大堂和行李员攀谈起来。"你在这家酒店一定见过很多电影明星。"约翰说。

"是的！"行李员回答道，接着便列举了几个大牌明星的名字，又说，"但是在我招待过的所有客人中，印象最深的还是您的朋友哈里。他是唯一一个问过我叫什么的人。"

因为哈里很清楚"投入"的重要性，所以当有人不够投入的时候，他一定会有所察觉。一天，哈里去一家大型连锁书店取他之前订购的一本书。在服务台前排队的时候，他无意中听到一位女士焦急地对店员说："我在找一本我小时候很喜欢的书，想给我侄女买一本。抱歉我这么匆忙，因为今天是我侄女的生日，我马上要赶去参加她的生日聚会，已经快迟到了。"

店员几乎头都没抬，只是机械地问道："书名是什么？"女士说完后，他便把名字输入电脑。过了一会儿，他说："这本书没货了。"

"那您能推荐其他的书吗？"女士问道，声音听起来越发疲惫。

店员指着书店最里面的方向，冷冷地回答："我们有一个儿童读物区。"

那位女士听完便气冲冲地夺门而出，临走前还不忘讽刺地嘟囔道："谢谢你的帮助。"店员似乎并未察觉，自顾自地喊："下一位。"

哈里心想，那个店员其实也并没有那么粗鲁，但他确实是毫不投入。也许他只是碰巧今天心情不好。好吧，但这并不意味着你就要把自己的负面情绪全部发泄在顾客身上。也许他只是对自己的工作缺乏热情。还是那句话，这也不是顾客的错。也许我能帮到他，哈里想。在接下来的几分钟里，他思忖着是否应该给店员一些关于"投入"的建议，并考虑这样做的话，他该说些什么。

哈里排到队伍前面后，他向店员要了他订购的那本书，店员把书递给他。有那么一秒，哈里想过要离开，但最后他还是尽可能礼貌地说："我能给你提供一些建设性的意见吗？"

店员显然有点儿吃惊，但还是表示："当然可以。"

"你还记得刚才那位给侄女找书的女士吗？"

"是的，那本书我查过了，店里没有。"店员显然心存戒备。

"了解。但想象一下，如果你真的全情投入，真正为她着想，那你当时其实可以这样说：'很遗憾我们现在没有这本书，但我有个主意，您不妨跟我说说这本书的大致内容，还有您侄女今年多大了？然后我们一起在电脑上选出三四本备选图书。我知道您参加聚会快要迟到了，所以我会找人马上帮您把书取过来。我们一定会给您侄女找到一份合适的礼物。'

"或者，如果你实在找不到其他更好的书，何不打开思路，想个别的办法来解决她的问题。比如可以在礼品袋里放一枚书签，并附上一张纸条，上面写着几天后会寄到一本'特别的书'。说不定，那位女士在参加她侄女的生日聚会时会对你和这家书店赞不绝口。可是现在看来，她可能再也不会来了。"

店员愣在那里，目瞪口呆。"好吧，谢谢你听我说了这么多。"哈里边说边走开了，不知道自己的一番话能否起到什么作用。他又在店里逛了 20 分钟，当他朝门口走去时，一只手突然搭在他的肩膀上。正是那个店员，他握了握哈里的手，真诚地表示："谢谢您的一番话。是您让我意识到我以前在工作中从未想过的事情。"

哈里在开车回家时，一路思考着为什么投入如此重要。你也许总是一遍又一遍地重复着同样的交易或者交流，但每次经历其实都是独一无二的。为什么呢？因为每位顾客以及他们的需求都是独一无二的。如果书店店员把那位女士看作在为侄女寻找一份特别礼物的姑妈，他就更有可能选择一种乐于助人的态度，这样他就会以一种诙谐而有创意的方式帮助那位女士解决她的问题，从而给她带去快乐。

哈里经常向不熟悉鱼市理念的人这样解释它的作用：它能帮助你看到你以前从未看到的帮助他人的机会。

有趣的部落

这是美国最知名的品牌之一。在过去 20 年里，产品的销售额几乎翻了两番，公司市值从 2.5 亿美元飙升至 20 多亿美元。在许多发达地区，这个品牌一骑绝尘，市场饱和度超过 90%。在最近 20 年里，公司给股东带来了 15% 的复合年增长率。

你家里很可能就有这种产品。不是苹果、谷歌，也不是亚马逊，是 WD-40 多功能产品。是的，一种润滑剂。

WD-40 公司是如何维系这一成功的呢？方法就是创造一种员工（被称为"部落成员"）愿意竭尽所能并发挥所长的文化。首席执行官加里·里奇已经领导这家公司 20 多年，他明白营造一个舒心的工作环境有多么重要（WD-40 公司 99% 的员工都为在这里工作而自豪）。他还认为，信任是最重要的（超过 90% 的员工表示他们信任管理层）。

　　用加里的话来说，WD-40公司的指导原则是一个无所畏惧的部落的四大支柱：

◎ **关心**。你在为比自己更重要的事情做贡献，每天下班后可以快乐地回家。

◎ **坦诚**。在WD-40公司，没有谎言，没有伪装，也没有隐藏。就是这样。

◎ **问责制**。在这条双向街道上，领导及其所支持的人对于其努力的结果负有同等的责任。

◎ **责任**。当被问及"谁该对此负责"时，部落成员的回答是"我"。

　　同其他利用鱼市理念的组织一样，WD-40的企业文化也为玩乐留足了空间。公司在大堂里搭了一个帐篷，部落成员可以在帐篷里举行非正式的会议或交谈。他们认真对待工作，却对自己没那么较真。他们以轻松愉快的心情在（与销售商、供应商以及同事等）所有关系中创造积极美好的回忆。

　　部落成员明智地选择他们的态度，因为他们对公司的未来以及他们如何为公司的成功做出贡献而兴奋。他们为彼此全身心地投入，通过感激彼此的贡献、重视彼此的意见给所有人带去快乐。

他们认为身为同事，大家只是岗位不同而已，彼此是完全平等的，这是对等级制度的有趣解读。作为同一部落的成员，他们相信自己有责任照顾彼此。因为相互支持，他们就有信心和动力维持公司的竞争力。

要将 WD-40 公司的想法应用到你的企业文化中，你并不需要完全复制他们的价值观。鱼市理念将帮助你增进员工及他们所服务的组织之间的关系。

随着 WD-40 公司的不断发展，部落成员将继续享受他们工作的乐趣，通过运用鱼市理念来体验快乐和成功。

打造世界级的"鱼"文化实施指南

在过去 20 年里，我们到访世界各地，走过了数百万英里，在数千个活动上发表过演讲。我们从客户的创新中学到了很多，其中一些经验甚至有悖于人们普遍的观念。但我们都觉得有必要更深入地探索鱼市理念是如何引发积极的文化变革的。

我们后来得到了这个宝贵的机会。当时斯蒂芬正在澳大利亚的一所大学担任客座教授，他为澳大利亚一家顶尖非营利养老机构"蓝色护理"（Blue Care）引入了鱼市理念，帮助他们从一个出色的组织提升为一个服务于老年人和残疾人的世界级典范。

从"蓝色护理"的经验中总结出的几个阶段可供拥有相似目标的人参考。换句话说，这些阶段可以帮助你在你的组织中运用这一理念。我们希望这能帮助读者打造属于你们自己的"鱼"文化。

阶段 1 将"鱼"文化与你的目标联系起来

"蓝色护理"推出了一种新的护理模式，叫作"量身定制"，帮助机构满足每个客户的专属需求。通过这种"以人为本"的方法，员工会主动想方设法提供尽可能多的选择和独立性。他们会努力满足每个客户的情感和社交需求，而不仅仅是他们的身体需求。

"蓝色护理"知道，如果"量身定制"服务只受规则、程序或脚本的驱动，它是万万不会成功的。只有激励员工全身心地投入工作，它才有成功的希望。"蓝色护理"的一位领导者曾参加过一次鱼市理念工作坊，并借此看到了这二者之间的联系。她想："如果我们建立一种以鱼市理念为基础的文化，再以此打造'量身定制'服务会怎么样呢？""蓝色护理"机构的经理顿觉精力充沛，想要尽快达成此事。她做事的思路清晰，知道自己需要盟友。

强烈的灵感开启了文化变革的过程。

阶段 2　招募代理人

在一个拥有 11 000 名员工的组织中，变革的想法尚不成熟，需要广泛的支持，因此"蓝色护理"创造了"鱼"文化代理人这个角色。

这个代理人团队吸收了来自组织各个层面和地方的人，他们都是天生的领导者，其精力和热情也鼓动了其他人积极关注。

这些代理人并不是被强制要求参与的，是他们自己主动响应了志愿者招募的号召。这个团队很快就参与了落实鱼市理念的规划和决策。

对任何想要引入"鱼"文化的人来说，"志愿者"这个词都是至关重要的，因为"鱼"文化是一种理念，而理念无法强加于人。你只能邀请别人加入，而别人之所以愿意加入，也是因为他们看到了提议的价值。

建立一个团队来指导文化变革过程。

阶段 3　集训营和"蓝色游泳者"

员工是被邀请（而不是被要求）来参加"鱼"文化的集训营，因此，前来参与的人都有好奇心和开放的心态。

集训营的参与者被称为"蓝色游泳者"，他们学习了鱼市理念，思考四项实践如何帮助他们实现"量身定制"服务的愿景。他们还讨论了一些实际问题，比如"我们应该如何将眼中的任务转变为给客户带去快乐的机会"。

集训营将转变的过程交到参与者手中，没有为他们提供任何固定的答案。

参与者自己提出问题，并以富有创造力的方式积极探索，如何以团队和个人的身份实现愿景。

代理人曾希望每期集训营的参与人数能达到 100 人，但实际参与人数竟然远远超出预期。随着有关鱼市理念的消息四散开来，一期集训营的参与者竟然多达 800 人。许多人还穿着钓鱼的装备，给整个培训增添了欢乐的气氛。等到最后一期集训营结束时，一共培训了 5 000 名"蓝色游泳者"。

回到工作岗位后，员工们都觉得自己有能力亲自参与创建属于他们的企业文化。

通过邀请和选择来影响文化变革，然后看着它像病毒一样快速传播开来。

阶段 4　大师班

在开展集训营的几个月后，代理人又打造了两个大师班，以维系训练的态势，进一步强化参与者的学习和语言。

这些课程展示了"蓝色护理"内部一些成功运用鱼市理念的职场案例。员工们探讨了他们所取得的成就，并分享了鱼市理念对客户、同事以及他们自身产生的影响。

大师班的参与者在听到这些故事、看到展示的图片、想象自己在职场拥有的发挥空间时都兴奋了起来。

开展一些讲述故事、鼓励其他人一同参与的活动。

阶段 5　海星

鱼市理念必须首先成为日常对话的一部分，才能被铭记在心。"蓝色护理"设立了"海星"这个角色来支持这一目标。

"海星"是当地的倡导者，在职场积极践行鱼市理念。他们提出了几个用来吸引大家参与的想法，比如：

1. 在工作中营造一种支持员工、激励员工的氛围。

2. 倾听周围人的想法，成为一个倾听者。

3. 互相指导，通过践行鱼市理念持续完善。

4. 找到并分享那些运用鱼市理念做出积极改变的故事。

5. 在别人积极践行鱼市理念时，不要吝惜认可和赞美。有一个团队每个月都会向工作中秉持鱼市理念的人颁发一个充气奖杯。

6. 打造有趣的项目和活动，让人们始终把鱼市理念放在心上。

7. 提醒所有愿意倾听的人，这是一个长期的承诺和旅程，不可能一劳永逸。

8. 促进大家就践行鱼市理念的经历多多交流。

9. 始终保持将一个脚趾放在水里试探温度，并寻找释放活力的方法。

找到"鱼"文化的倡导者并让其发挥作用。

阶段 6　愿景时刻

一个清晰的愿景可以让你"看到"将愿景付诸实践的例子，以及创造更多这类范例的机会。"蓝色护理"由鱼市理念支撑的"量身定制"愿景，帮助员工认识到了提供"以人为本"的关怀的新方法。当工作人员专注地投入每种场景及与每个人的互动时，他们就选择了一种开放的态度，去尝试可能会让客户的生活更快乐、更有意义的每个想法。（看到鱼市理念的四项实践是如何相辅相成的了吗？）

这就产生了创造性的、以人为本的解决方案。例如，有段时间有位客户变得越来越焦躁不安且异常挑剔，工作人员了解到他以前是一名水管工，于是就安排他帮忙从事养老机构的维修工作。（他的"修补"工作是绝对安全的，受到专业人员的严格管控。）他从此变得心平气和，更快乐，也更乐于接受别人的帮助。

还有一名曾是音乐家的客户在吃饭时突然情绪激动，工作人员没有简单地用药物压制，而是提供给他一个音乐播放器和一副耳机。他前后的转变令人难以置信，开始面带微笑地吃饭，用脚随着节奏轻轻打拍子。

当工作人员得知一位记忆受损的客户曾是一名熟练的厨师和家庭主妇时，他们购买了围裙、儿童服装和抹布。每天早上，她都会帮助工作人员整理床铺，把衣服挂在晾衣架上，然后打扫卫生。她更快乐了，因为她在从事一项有目的的活动。

为了帮助老年痴呆症患者，"蓝色护理"为他们的生活带来了更多的"玩乐"项目。来访的演出团队通过使用道具和乐器吸引客户，之前反应迟钝的人也经常以唱歌或者跳舞的方式加入进来。一项对"情绪图表"的分析显示，他们在演出团队到访之后变得更快乐，摔倒的次数明显减少，抗精神病类药物的使用量也大幅下降。

当人们将愿景个性化，并将其融入日常活动时，文化变革就会变得根深蒂固。

阶段 7   你要成为谁

如今，"鱼"文化的语言已经成为"蓝色护理"的语言，每天在数百个不同地点的分支机构都有关于如何更好地服务客户的对话。大多数讨论都与鱼市理念有关，这已成为新常态。

新常态的核心是要有一个支持这种愿景的概念。不管我们在"做"什么,我们同时也在"成为"某个人。"成为"就是我们表现自己的方式。一方面是我们所做的事,也就是我们执行的任务;另一方面是我们在执行这些任务的过程中在成为谁。既然可以选择放松,为什么还要拘谨?既然保有耐心也是一种选择,而且更令人愉悦,那为什么还要选择不耐烦呢?

鱼市理念的一个关键实践就是有意识地选择你面对人生的态度,这一选择的积极影响在"蓝色护理"的一个康复中心体现得尤其明显。

虽然那栋建筑的外表看起来破旧不堪,但里面贯穿着鱼市理念,处处可见包容、有趣、欢笑和友谊。

员工在这栋大楼里已经工作了 20 年,但自从他们集体搬去了一个新的办公地点,那种感觉就更加明显了。你或许会认为客户和员工会因为搬迁而感到焦虑,事实并非如此,他们连同鱼市理念一起搬走了。

每个分支机构都拥抱鱼市理念之后,对话都变得积极起来。许多员工摆脱了根深蒂固的传统模式。接着,员工病假、工伤理赔、团队动力不足、士气低落等问题以及员工和客户的

投诉都显著减少。参加会议的员工数量和工作人员互相协作的
次数大幅增长。

> 我们选择了"自己要成为谁"的态度后，能取得显著的
> 效果。

阶段 8　创造愿景时刻

一个清晰且重要的愿景可以让你"看到"将愿景付诸实践
的例子。"蓝色护理"由"鱼"文化所支撑的"量身定制"愿
景，帮助员工认识到了提供"以人为本"的关怀的新方法。

例如，一个工作人员问一位老太太，怎样才能让她的生活
变得更好。她回答道："你能再陪我坐一会儿吗？"她是感到
孤独，还是感受到关怀，区别就在于一次简单的陪伴。

由于文化变革，每天客户和员工之间都会产生成千上万次
互动，而这只是其中一个小小的例子。

随着时间的推移，"鱼"文化也逐渐焕发了新生，以至于
代理人很难再找到类似的故事。他们意识到，这些故事之所以
再难见到，是因为"鱼"文化已经成为一种生活方式，变成了
新常态。

工作人员和客户之间、工作人员和家属之间的对话也发生了变化。"鱼"文化相关的纪念品和装饰经常引发人们对这些实践内涵的讨论。每次有工作人员向客户或者家庭成员解释鱼市理念，其实都是在进一步巩固员工对这一愿景的信念。

清晰的愿景可以帮助员工识别支持鱼市理念的行为。

阶段 9　赞美

赞美对于保持"鱼"文化至关重要。我们都希望被欣赏和重视。倘若我们都学会由衷地赞美彼此，不仅为了我们所做的事，也为了我们在做这件事时所成为的那个人，我们就会因此更愿意做这件事。赞美彼此其实就是在提醒我们共同的承诺。

认可他人与自己得到认可都会给你带来美好的感受。它能建立信任，让团队建立信心和共同的目标应对挑战。

赞美和认可会驱动和深化"鱼"文化的变革。

"鱼"文化的领导力课堂

我们以一系列有关领导力和变革的信念开启了"鱼"文化的旅程，但很快便发现我们还需要一种不同的心态。在需要天然活力时就自然需要一套新的领导原则。

第一课　天然活力

很多组织认为，践行鱼市理念最具吸引力之处就在于其真实的活力及其影响客户的方式。我们称之为"天然活力"。

传统的领导工具对天然活力不起作用。它不能被要求、引导或者控制，可以自由释放，但强迫不来。一个寻求天然活力益处的领导者所使用的工具是非典型的，而且根据我们的经验，商学院很少讨论这些工具。

这些工具包括示范、激励、对话、支持和共享。如果领导力建立在可信度、真实性、诚实和正确的价值观之上，天然活力便会水到渠成。

践行"鱼"文化的领导者打造了一种真实的文化，点燃了随之而来的天然活力。

第二课　变革必须从顶层开始吗？不是

一个大众普遍接受的事实是，改革必须从顶层开始。但根据我们的经验，这并不总是正确的。如果你不是高管或者董事会成员，你可能很难改变企业的战略。但在氛围、文化、人性、尊重、关怀，尤其是鱼市理念方面，我们已经发现数百个变革的例子，都是从一个组织的中间层开始的，有时甚至直接起始于一线。

这当然与领导力的第一课密不可分，发起变革最有效的方式就是以身作则。鱼市理念本质上是关于我们在生活中如何表现。如果你身边的某个人为人真诚、乐于倾听、努力让你开心、态度端正、幽默风趣，那一定是很有感染力的。

文化变革始于需要，领导者的回应方式就是对变革的支持。

第三课　你的大部分需要已经存在于人的内心

许多人都意识到全球老年护理服务的质量不佳，但他们总是以资源稀缺或者政府拨款不足为借口。"我们需要更多的人手、更好的设施。"他们可能也没说错。

但一个地方带给人的感受取决于在那里工作的人的表现。

决定养老院生活质量最重要的因素是工作人员的态度。如果他们选择了"有毒"的态度，那就会形成"有毒"的环境；如果他们选择了幽默风趣的态度，那就能打造出幽默风趣的环境。事实上，这些态度可以节约资源，而非消耗资源。

"蓝色护理"的变革是在资源减少、需求增加的背景下发生的。养老院的生活质量在很大程度上取决于工作人员的选择。

践行鱼市理念的领导者创造了一个可以选择的环境。

第四课　玩乐是获得大众满意的有力武器

在我们剪辑视频以及整理本书的过程中，其实不太倾向于使用"玩乐"这个词。毕竟，工作和玩乐通常是对立的。

我们最终还是选择了它，是因为玩乐可以带来活力，一旦有了活力，工作起来就会干劲儿十足。幽默是一种态度。

询问员工他们更愿意在什么样的环境中工作，是严肃的，还是轻松的，你可以从中得出有趣的结论。大多数人都喜欢轻松愉快的工作环境。你可以把工作当回事儿，但不必对自己太较真。

如果总是苛责自己，你很快就会感觉仿佛中毒一般。事实上，每个严肃无趣的环境都使我们感到有毒，而在任何一家创新公司工作都使人轻松愉快。态度严肃会造成思想僵化，让创新变得越发困难。人类渴望一个可以尽情做自己的地方，我们在那里能感受到自己的价值，做出一定的贡献，同时还能在这个过程中获得一点儿乐趣。

践行"鱼"文化的领导者会一直以身作则。

第五课：转型变革会在一次又一次的对话中发生

"蓝色护理"在转型变革上已经达到一个转折点，拥抱变革的人已经在数量上超过了那些仍在观望的人。这场变革势不可当。

变革并不是发生在山顶，由一位新领袖挥舞着权杖，告诉群众他们必须做什么，否则就会面临可怕的后果。

文化变革会在一次又一次的对话中逐渐发生，重点在于信息传递过程中的一致性和持久性。如果你想知道进展如何，那就去听听大家的对话。

　　践行"鱼"文化的领导者通过一次次的对话来实现文化变革。

讨论指南

以下是可以在学习小组、企业培训、部门会议和引导互动中使用的问题。开展上述活动可以促进员工参与有关工作的重要对话。根据本书出版 20 年来的经验，我们知道这些对话是世界级企业文化的基础，是激励员工的基础，也是吸引员工和客户的基础。

1. 当玛丽·简在鱼市感受到活力时，朗尼问她："像这样的活力会对你的部门有什么帮助吗？"她的回答是："当然……"这样的活力究竟会如何帮助到她的部门呢？

   思路：

   活力是有吸引力的。

   活力是员工积极投身于工作后产生的副产品。

活力可以让职场成为你愿意待的地方。

2. 玛丽·简记录了她在鱼市从朗尼那里学到的东西，并在
   日记中写道："即便无法选择工作，工作方式总是可以
   选择的。"玛丽·简的这句话是什么意思？你同意她的
   看法吗？

   思路：

   充分利用你目前所拥有的一切。

   当你拥抱选择的机会时会发生什么？

3. "我认为我们的成功源于四个理念，"朗尼告诉玛
   丽·简，"'选择自己的态度'是最核心的。没有选择
   好自己的态度，其他的都只能是浪费时间。"为什么
   态度如此重要？抱有不同态度的人可以做到同样的高
   效吗？

   思路：

   每个人都有选择的权利。

   我们不需要抱有相同的态度。

   你不可能带着不好的态度去玩乐。

4. 周一早上，面对三楼的员工抱怨周末的结束，玛丽·简不知道该如何告诉她的员工去选择他们的态度。你能改变一个人的态度吗？你能激励别人明智地选择自己的态度吗？

   思路：

   你每天都可以做出这样的选择。

   做自己情绪的主人。

   帮助他人认识到他们工作的重要性。

5. "有害精神垃圾场"的一名员工表示："即使充满活力，那又有什么不同呢？我们还不是一样得把无聊的工作做完吗？"为什么活力如此重要？它是如何影响工作业绩的？

   思路：

   一旦员工缺乏活力／激情，客户／顾客一定是第一个感受到的。

   没有活力的人很难全身心地投入工作。

6. 朗尼告诉玛丽·简一个轻松愉快的职场的重要性。玩乐的好处是什么？它对你的业务有什么帮助？

思路：

你能以玩乐的方式做严肃的工作吗？

在工作中玩，而不是以玩乐代替工作。

玩乐可以激发创造力。

玩乐可以让时间过得更快。

7. 朗尼指出了一个良好的工作环境组成部分，并请玛丽·简回想一下她在参观鱼市时观察到的情况。"你记忆中有什么突出的印象？"朗尼问道。玛丽·简看到卖鱼伙计们是如何让大家都参与其中、享受快乐的，他们都能让别人感受到快乐。你要怎样做才能让某个人快乐呢？你觉得这么做的好处是什么？你会有什么感受？

思路：

创造独特的客户体验。

让客户也能参与其中、享受快乐。

让客户由衷地表示："哇！我喜欢和你打交道。"

8. 朗尼让玛丽·简仔细观察工作中的卖鱼伙计，她注意到他们是如何全身心地为顾客服务的，仿佛他们面前的顾客就是地球上最重要的人。朗尼把他从中汲取的经验称为"投入"。为什么在工作中投入是如此重要？如果你不投入地工作，会面临怎样的后果？为什么？

   思路：

   有什么不投入的例子吗？如何修正这些例子中的做法，使其转变为投入呢？

   现代电子产品对于真正投入地服务客户或者与同事合作有何影响？

9. 为什么朗尼建议玛丽·简与她在三楼的团队分享她所学到的经验，并带他们来鱼市体验一下？让她的团队参与进来有什么好处？会拖慢进度吗？为什么？

   思路：

   运用团队集体的智慧。

   团队必须拥有自主的想法。

10. 玛丽·简的团队对走访鱼市的反应是："我们又不卖

鱼！我们没有什么可扔的。这是小伙子们的事。我们
的工作很无聊。"你需要有东西可扔吗？还有哪些可以
产生正能量的等效方法？

思路：

找出适用于你公司的方法。

不要有"比上不足，比下有余"的心态。

你要明白，重点并不在于扔东西。

11. 在思考如何使部门拥有一个良好的工作环境时，史蒂
    夫表示："在听到'狼'提到自己的选择之后，我也开
    始反思我自己是如何谈论工作的。"我们在工作时真
    的可以选择让自己成为谁吗？为什么可以？为什么
    不行？

    思路：

    不要试图模仿鱼市。

    关注你拥有什么，而不是你缺少什么。

12. 你是否相信"玩乐"队列举的好处也适用于你所在的
    组织？为什么可以？为什么不行？

思路：

让每个人都参与其中，享受乐趣。

持续寻找新的想法。

尊重每个人对乐趣的看法。

13. "让别人快乐"队从他们的调查中得出了一些令人震惊的信息，表明内部客户害怕与三楼的员工打交道。你的客户喜欢和你一起工作吗？为什么？

　　思路：

　　见到客户时要兴奋。

　　让别人快乐是获得回头客的好办法。

　　在创造客户体验时，每个人都是相互依赖的。

14. "投入"队分享了一段发人深省的诗句：过去已成历史，未来尚不可知，今天是件礼物——于是我们称之为现在。为什么投入如此重要？不投入的后果是什么？

　　思路：

　　别表现得好像你宁愿逃避现实。

想办法实现公司的愿景、使命和价值。

15. "选择自己的态度" 队讨论了不选择积极态度的后果。
    为什么选对态度很重要?

    思路:

    了解产品背后的产品。

    没有人愿意和态度不好的人做生意。

致　谢

为了本书的成功，许多人付出了艰苦的努力，我们想要感谢他们所有人，但也明白疏漏在所难免。首先我们将感谢一些特别的人，接着会再单独感谢三位给予我们特别帮助的人。

与我们合作的是全大卜最棒的出版商——Hyperion 出版社，它网罗了如此多优秀的人才，对业界来说似乎有失公平。在这个出色的团队中，我们有幸与各位共事：鲍勃·米勒、玛莎·莱文、艾伦·阿切尔、简·康明斯、迈克尔·布尔金、马克·查特、珍妮弗·兰德斯、克莱尔·埃利斯、安德里亚·何、戴维·洛特、文森特·斯坦利及克里斯汀·普莱德。特别感谢阿歇特图书出版集团（Hachette Book Group）的销售团队。

　　我们为何如此幸运，竟能找到全世界最好的文学代理公司！玛格丽特·麦克布莱德经纪公司拥有全明星阵容：杰森·卡巴西、唐娜·德古提斯、桑吉塔·梅塔、克里斯·萨奥尔及菲·艾金森。

　　要是没有举世闻名的派克街鱼市，就不会有本书的问世。感谢店主强尼·横山以及所有了不起的卖鱼伙计，感谢他们创造并维护了一个世界闻名的鱼市。

　　我们也非常感谢海图屋培训公司，许许多多的小动作加起来就会有很大的帮助。感谢哈里·盖斯特提供了很多宝贵的意见，感谢帕特里克·诺斯和杰基·约翰逊提供了出色的设计方案，特别要感谢杰出的文字大师菲尔·斯特兰德，他以娴熟和周到的笔法撰写了这个版本的新故事和材料。

　　感谢三位妻子詹妮尔、玛丽和盖伊，感谢你们一直陪伴在我们身边，包容我们。

　　我们想特别感谢三个做出重大贡献的人。

　　我们的编辑威尔·施瓦尔贝，他经验丰富，总是饱含工作热情，愿意一直想方设法来完善本书，直到最后一刻。

　　肯·布兰佳提供了睿智的指导，还贡献了一篇精彩的序言。

　　最后，所有代理的代理人——玛格丽特·麦克布莱德，对一个作者来说，她就是宝贵的财富。

　　谢谢。

　　　　　　　　斯蒂芬·伦丁、哈里·保罗、约翰·克里斯坦森